Wenn Engel erwachen – Cuando los ángeles se despiertan

Kinder aus San Carlos, Nicaragua, erheben die Stimme

Esteban Cuya und Karin Gleixner (Hrsg.)

Schmetterling Verlag

Bibliographische Information der Deutschen Bibliothek:
Die Deutsche Bibliothek verzeichnet diese Publikation in der Deutschen Nationalbibliographie; detaillierte bibliographische Daten sind im Internet über http://dnb.ddb.de abrufbar.

Schmetterling Verlag GmbH
Lindenspürstr. 38 b
D-70176 Stuttgart
www.schmetterling-verlag.de
Der Schmetterling Verlag ist Mitglied von aLiVe.

ISBN: 3-89657-764-6
1. Auflage 2009
Printed in Germany

Gestaltung und Herstellung: Esteban Cuya
Satz/Layout: HGS5, Fürth
Gesamtherstellung: Druckwerk, Nürnberg
Binden: IDUPA, Owen

Herausgeber:
Stadt Nürnberg
Amt für internationale Beziehungen
Weinmarkt 4
D-90403 Nürnberg
Nürnberg Dezember 2009
Tel.: 0911 / 231 - 50 43
Fax: 0911 / 231 - 50 52
ib@stadt.nuernberg.de
www.international.nuernberg.de

Eliel Martínez Madadriaga

Eudacia Mariela S.

Ada Luz Salinas Meza

Esteban Cuya und Karin Gleixner (Hrsg.)

Wenn Engel erwachen – Cuando los ángeles se despiertan

Kinder aus San Carlos, Nicaragua, erheben die Stimme

Damibia Esp. B.

Elida Meza Albarengo

Eudulia Marcela Serrano

Elsa del Carmen Lopez

Schmetterling Verlag

Artikel 19. UN-Konvention über die Rechte des Kindes (1989)

1. Die Vertragsstaaten treffen alle geeigneten Gesetzgebungs-, Verwaltungs-, Sozial- und Bildungsmaßnahmen, um das Kind vor jeder Form körperlicher oder geistiger Gewalt-anwendung, Schadenszufügung oder Misshandlung, vor Verwahrlosung oder Vernachlässigung, vor schlechter Behandlung oder Ausbeutung einschließlich des sexuellen Missbrauchs zu schützen, solange es sich in der Obhut der Eltern oder eines Elternteils, eines Vormunds oder anderen gesetzlichen Vertreters oder einer anderen Person befindet, die das Kind betreut.

2. Diese Schutzmaßnahmen sollen je nach den Gegebenheiten wirksame Verfahren zur Aufstellung von Sozialprogrammen enthalten, die dem Kind und denen, die es betreuen, die erforderliche Unterstützung gewähren und andere Formen der Vorbeugung vorsehen sowie Maßnahmen zur Aufdeckung, Meldung, Weiterverweisung, Untersuchung, Behandlung und Nachbetreuung der in Absatz 1 beschriebenen Fälle schlechter Behandlung von Kindern und gegebenenfalls für das Einschreiten der Gerichte.

Artículo 19. Convención de la ONU sobre los Derechos del Niño (1989)

1. Los Estados Partes adoptarán todas las medidas legislativas, administrativas, sociales y educativas apropiadas para proteger al niño contra toda forma de perjuicio o abuso físico o mental, descuido o trato negligente, malos tratos o explotación, incluido el abuso sexual, mientras el niño se encuentre bajo la custodia de los padres, de un representante legal o de cualquier otra persona que lo tenga a su cargo.

2. Esas medidas de protección deberían comprender, según corresponda, procedimientos eficaces para el establecimiento de programas sociales con objeto de proporcionar la asistencia necesaria al niño y a quienes cuidan de él, así como para otras formas de prevención y para la identificación, notificación, remisión a una institución, investigación, tratamiento y observación ulterior de los casos antes descritos de malos tratos al niño y, según corresponda, la intervención judicial.

Danksagung

Dieses Buch ist das Ergebnis der gemeinsamen Bemühungen vieler Personen, die mit viel Liebe an seiner Verwirklichung gearbeitet haben. An alle Kinder, die ihre Briefe mit ihren offenen Worten geschrieben haben, ein herzliches Dankeschön.

Julia Gillard, Cecilia Benavides, Jessica Martínez und viele andere unterstützten uns tatkräftig durch ihre Mitarbeit in San Carlos vor Ort.

In Nürnberg arbeiteten Amelie Kindermann, Andrea Heck, Anne Helmreich, Anne Muckelbauer, Carolina Kern, Eva Harms, Inge Jakob, Karla García Medina, Katharina Keßler, Kaya Schwab, Lea Gleixner, Lena Castro, Patricia Rodríguez, Peter Zinke, Ramona Müller, Ruth Cuya, Sabine Mittelbach, Sonja Oehler und Wienke Heinrichs an der Bearbeitung der Übersetzung und der Redaktionsarbeit.

Die enthaltenen Fotografien wurden von Clemens Frauenhofer, Esteban Cuya, Frank Gillard, Josef Bergmann, Julia Gillard, Jens Nautscher, Katharina Seuring-Schönecker, Klaus Schulz, Lea Gleixner, Norbert Schürgers, Ottmar Zimmer, Margarita Bönning und Sonja Oehler zur Verfügung gestellt.

Ein besonderer Dank gilt Gioconda Belli, die ein Vorwort für dieses Buch geschrieben hat.

Wir wünschen uns, dass sich diese gemeinsamen Bemühungen positiv auf die Situation der Kinder und Frauen in Nicaragua auswirken. Wir sollten die Klagen der Kinder anhören und auf ihre Bitte nach Solidarität reagieren.

Beim Herausgeben der Briefe hielten wir es für notwendig, die Namen der Autorinnen und Autoren zu anonymisieren. Deshalb wurden in allen Fällen die Namen entweder durch übliche Kosenamen oder nicaraguanische Namen aus der Ureinwohnersprache Nahuatl ersetzt.

Aus didaktischen Gründen stehen die nicaraguanischen Regionalismen in kursiv.

Agradecimiento

Este libro es el resultado de un esfuerzo colectivo de muchas personas que colaboraron con gran amor a su concretización. A todos los niños y niñas que escribieron sus cartas con sus comentarios directos, nuestros más sinceros agradecimientos.

Julia Gillard, Cecilia Benavides y Jessica Martínez prestaron su valiosa colaboración en San Carlos.

En Núremberg cooperaron con la transcripción, traducción y edición: Amelie Kindermann, Andrea Heck, Anne Helmreich, Anne Muckelbauer, Carolina Kern, Eva Harms, Inge Jakob, Karla García Medina, Katharina Keßler, Kaya Schwab, Lea Gleixner, Lena Castro, Patricia Rodríguez, Peter Zinke, Ramona Müller, Ruth Cuya, Sabine Mittelbach, Sonja Oehler y Wienke Heinrichs.

Las fotografías incluidas fueron aportadas por Clemens Frauenhofer, Esteban Cuya, Frank Gillard, Josef Bergmann, Julia Gillard, Jens Nautscher, Katharina Seuring-Schönecker Klaus Schulz, Lea Gleixner, Norbert Schürgers, Ottmar Zimmer y Sonja Oehler.

Agradecemos especialmente a Gioconda Belli, quien muy generosamente escribió un texto para este libro.

Anhelamos a que este esfuerzo colectivo repercuta en bien de la niñez y las mujeres en Nicaragua. Escuchemos las quejas de los niños y respondamos a sus demandas de solidaridad.

Al editar las cartas consideramos necesario anonimizar los nombres de los autores y autoras, que en todos los casos los hemos reemplazado con las abreviaciones comunes en Nicaragua o términos provenientes del idioma nahuatl.

Asimismo, por razones didácticas presentamos los regionalismos nicaraguenses en letras cursivas.

Ya no van a la escuela,
sino que trabajan vendiendo,
hasta que, a menudo,
son explotados sexualmente

Inhalt

Contenido

44 . . . *Chicoche* (Francisco José): Manchmal müssen Kinder und Jugendliche aus San Carlos schlimme Sachen machen, die sie nicht machen wollen.

45 . . . *Chinto* (Jacinto): Ich denke, dass Kinderarbeit ein Missbrauch ist.

47 . . . *Cihuapillahtocatzintli* (Königin): Wir leben heute mit vielen Morden, die man täglich mitbekommt, wie die Abtreibungen...

50 . . . *Cihuanenetl* (Puppe): Das einzige, worum ich die Behörden bitten würde, ist, dass sie die Frauen beschützen und dass sie mehr Interesse gegenüber jeder Art von Gewalt zeigen.

53 . . . *Citlalli* (Stern): Ich finde, dass die Kinderarbeit aufhören soll.

55 . . . *Coco* (Socorro): Mein Papa hat meine Mama geschlagen und hat uns alle mitten in der Nacht mit einer Machete aus dem Haus auf die Straße getrieben.

56 . . . *Coctelxochitl* (Margarita): Es gibt schlechte Menschen, die die arbeitenden Kinder physisch und psychisch misshandeln, sie können sogar von ihnen missbraucht werden.

58 . . . *Colacho* (Nicholas): Ich kenne viele Fälle von Gewalt in Familien, und der Grund warum so etwas passiert, ist, dass viele Väter stark alkoholabhängig sind.

60 . . . *Cozcayollotl* (Schönes Herz): In unserer Region nehmen 50% der Kinder nicht am Unterricht teil.

62 . . . *Guicha* (Luisa): Die Behörden würde ich bitten, die Gewalt zu stoppen, wir wollen keine Gewalt mehr, und dass sie den Raubüberfällen ein Ende setzen.

64 . . . *Lencha* (Lorenza): Es ist gefährlich, denn sie riskieren ihr Leben, wenn sie nachts verkaufen.

66 . . . *Lola* (Dolores): Wir, die Kinder von San Carlos, danken den Jungen, Mädchen und Jugendlichen aus Nürnberg für die Unterstützung.

68 . . . *Lupe* (Guadalupe): Die Kinderarbeit betrifft die Kinder von San Carlos sehr stark. Sie können deswegen nicht richtig Kind sein...

70 . . . *Maché* (María José): Ich kenne Eltern, die ihre Söhne und Töchter schlagen und beschimpfen.

72 . . . *Malú* (María Luisa): Es würde mir auch gefallen, wenn uns die Landespolizei einen besseren Schutz zukommen lassen würde...

44 . . . *Chicoche* (Francisco José): A los niños, niñas y jóvenes de San Carlos, algunos los mandan a hacer cosas malas que ellos no quieren.

45 . . . *Chinto* (Jacinto): Pienso que el trabajo infantil es un abuso.

47 . . . *Cihuapillahtocatzintli* (Reina): Ahora estamos viviendo con muchos homicidios que se ven a diario y que es el aborto...

50 . . . *Cihuanenetl* (Muñeca): Lo único que les pediría a las autoridades es que protejan a las mujeres, que se encajen más en lo que va con todo tipo de violencia.

53 . . . *Citlalli* (Estrella): Yo pienso que el trabajo infantil debe acabarse.

55 . . . *Coco* (Socorro): Mi papá le pegaba a mi mamá y una vez, a media noche, nos sacó de carrera a todos de la casa con un machete.

56 . . . *Coctelxochitl* (Margarita): Hay algunas personas que son malas y a los niños vendedores los maltratan físicamente y psicológicamente, hasta pueden ser violados(as).

58 . . . *Colacho* (Nicolás): Yo conozco muchos casos de violencia en la familia y el motivo por el cual ocurre es porque muchos padres son muy adictos al alcohol.

60 . . . *Cozcayollotl* (corazón precioso): En nuestro departamento el 50% de la niñez no asiste a los centros de estudio.

62 . . . *Guicha* (Luisa): Le pediría a las autoridades que si hay violencia, que la paren. No queremos más violencia y que paren los robos.

64 . . . *Lencha* (Lorenza): Es peligroso, porque arriesgan su vida vendiendo por la noche.

66 . . . *Lola* (Dolores): Nosotros los niños de San Carlos les agradecemos a los niños, niñas y jóvenes de Núremberg por apoyarnos.

68 . . . *Lupe* (Guadalupe): El trabajo infantil afecta grandemente a los niños y niñas de San Carlos, no les permite desarrollar bien su niñez...

70 . . . *Maché* (María José): Conozco padres que les pegan a sus hijas e hijos y los golpean y les dicen malas palabras.

72 . . . *Malú* (María Luisa): También me gustaría que la Policía Nacional nos brinde una mejor protección…

74 . . . *Maruca* (Maria): Egal ob wir reich oder arm sind, wir sollten einander helfen und erst recht bei einem Kind.

76 . . . *Mena* (Filomena): Ich kenne eine junge Frau und einen jungen Mann, sie sind ein Ehepaar, und ich hörte, wie ihr Kind schrie und in den folgenden Tagen erschien es mit Verbrennungen, Blutergüssen und Platzwunden.

77 . . . *Mincho* (Benjamin): Es ist eine moralische Pflicht aller, (zu versuchen) die Kinderarbeit auszurotten.

80 . . . *Necuhtic* (Die Süße): Ich habe von solchen Fällen gehört und wenn ich einmal groß bin, würde ich gerne die Schuldigen kennen lernen, um sie zu bestrafen.

82 . . . *Nonoy* (Leonora): Wegen dieser Armut gibt es Kinder, die nicht lernen und die in sehr jungen Jahren arbeiten gehen müssen.

84 . . . *Pipilacha* (Schmetterling): Einige Straßenkinder essen nicht genug und die Jugendlichen nehmen Drogen.

85 . . . *Quecha* (Lucrecia): Meine Mama würde ich um nichts bitten, weil sie mir alles gibt, was sie kann…

87 . . . *Quetzalcayotl* (Hübsche): Ich kenne viele Fälle von Gewalt an Kindern.

88 . . . *Tana* (Sebastiana): Weil die Jungen und Mädchen das nicht verdient haben. Nein zur Kinderarbeit!

91 . . . *Tano* (Cayetano): Eines der größten Probleme ist, dass die Kinder, wenn sie krank sind, nicht ins Krankenhaus gebracht werden; deshalb sterben die Kinder und Jugendlichen.

93 . . . *Teté* (Esther): Ich möchte, dass San Carlos ein gesunder Bezirk ist ohne Gewalt, ohne Armut, ohne Kriminalität.

96 . . . *Texotic* (Die Blaue): Dass die arbeitenden Kinder erfahren können, dass ihre Rechte verletzt werden.

99 . . . *Tito* (Ernesto): Die Kinder dürften nicht auf der Straße arbeiten, denn dort lauern viele Gefahren.

100 . . *Tona* (Petrona): Die Hauptprobleme von San Carlos sind die Arbeitslosigkeit und der Missbrauch von Kindern.

102 . . *Toño* (Antonio): Ich finde, dass Kinderarbeit bei Kindern unter sieben Jahren Missbrauch ist.

104 . . *Tula* (Gertrudis): Es kommt sogar soweit, dass die Mädchen, die verkaufen gehen, vergewaltigt und umgebracht werden.

105 . . *Xochipilli* (Blumenprinz): Den Behörden möchte ich sagen, dass die Betrunkenen nur bis 22 Uhr in der Wirtschaft bleiben dürfen sollten.

74 . . . *Maruca* (María): Seamos ricos o pobres debemos ayudar a los demás y más cuando es un niño o niña.

76 . . . *Mena* (Filomena): Yo conozco a una muchacha y un muchacho, ellos son esposos y yo escuchaba cuando su niño gritaba y a los días siguientes aparecía con quemaduras, morados y heridas.

77 . . . *Mincho* (Benjamín): Es un deber moral de todos procurar erradicar el trabajo infantil.

80 . . . *Necuhtic* (Dulce): He oído de esos casos que me gustaría, cuando sea grande, conocer a los culpables para darles su sentencia.

82 . . . *Nonoy* (Leonora): Por la misma pobreza existen niños que no estudian y tienen que trabajar a muy temprana edad.

84 . . . *Pipilacha* (Mariposa): Algunos niños que están en la calle no comen bien y los jóvenes están en las drogas.

85 . . . *Quecha* (Lucrecia): A mi mamá yo no le pediría nada, porque ella me da todo lo que puede…

87 . . . *Quetzalcayotl* (Hermosura): Conozco muchos casos de violencia infantil.

88 . . . *Tana* (Sebastiana): Porque los niños y niñas no merecen esto. ¡No al trabajo infantil!

91 . . . *Tano* (Cayetano): Uno de los principales problemas es que a los niños cuando tienen enfermedades no los llevan al hospital y por eso es que los niños y jóvenes mueren.

93 . . . *Teté* (Esther): Yo quiero que San Carlos sea un departamento sano, sin violencia, sin pobreza, sin delincuentes.

96 . . . *Texotic* (Azul): Que ellos, los niños trabajadores puedan saber que sus derechos se están violando.

99 . . . *Tito* (Ernesto): Los niños no deberían estar en las calles trabajando porque les acechan muchos peligros.

100 . . *Tona* (Petrona): Los principales problemas de San Carlos son el desempleo y el abuso de las niñas y los niños.

102 . . *Toño* (Antonio): Pienso que el trabajo infantil de menores de siete años es un abuso.

104 . . *Tula* (Gertrudis): A las niñas mujeres que andan vendiendo hasta las violan y las matan.

105 . . *Xochipilli* (Príncipe de las flores): A las autoridades les digo que los borrachos estuvieran en la cantina sólo hasta las 10:00 de la noche.

107 . . *Yayo* (Eduardo): Ich würde die Behörden bitten, die Eltern einzusperren, die ihren Kindern Gewalt antun.

108 . . *Yeyo* (Diego): Die Behörden von San Carlos würde ich bitten, dass sie die Häftlinge nicht so schnell entlassen, sondern lange Zeit einsperren, weil sie böse sind.

109 . . *Yocoxcatlacatl* (Der Friedliche): Ich denke, dass es sehr grausam ist, dass die Kinder arbeiten gehen und ihre Eltern sich zu Hause ausruhen.

107 . . *Yayo* (Eduardo): Les pediría a las autoridades que arresten a los padres que son violentos con sus hijos.

108 . . *Yeyo* (Diego): A las autoridades les pediría que a los que echan preso, que no los saquen ahí nomás, que dilaten buen tiempo por lo malos que son.

109 . . *Yocoxcatlacatl* (Pacífico): Yo pienso que es muy cruel que los niños vayan a trabajar y sus padres estén tranquilos en la casa.

I. Einführung

Esteban Cuya

Seit Menschengedenken begleitet die Gewalt in ihren verschiedenen Formen die Menschheit. Bereits in der Bibel ist einer der ersten Familienkonflikte in der Geschichte der Menschheit aufgezeichnet, nämlich jener zwischen den Brüdern Kain und Abel, der mit dem Tod des Letzteren endet.

Strukturelle Gewalt

Die Eingliederung der amerikanischen Völker in die Geschichte Europas und der ganzen Welt durch die spanische Eroberung war durch extreme Gewalt und Genozid gekennzeichnet, die mehr als drei Jahrhunderte andauerten. Die bewaffnete sowie die strukturelle Gewalt hat die historische Entwicklung der Völker Lateinamerikas geprägt. (1)

Nicaragua litt zunächst unter der Gewalt der spanischen Eroberer, die bedenkenlos Frauen, Männer und Kinder grausam behandelten, sie versklavten und unterdrückten. (2)

In der modernen Zeit litt Nicaragua unter der Gewalt der Vereinigten Staaten von Nordamerika, die das Land fast fortwährend angriffen, um diesem seine kolonialistische Politik aufzuzwingen.

Gewalt in der Familie

Heutzutage werden die Gewalt in den Familien, die Misshandlung von Frauen und der Missbrauch von Jungen und Mädchen von vielen als etwas Normales im täglichen Leben akzeptiert.

Sei es im reichen Europa oder auf dem amerikanischen Kontinent, die Misshandlung von Kindern geschieht in vielen Familien, unabhängig von der wirtschaftlichen, gesellschaftlichen oder kulturellen Situation.

In den letzten zwei Jahren deckte man Fälle in Österreich, Deutschland und in anderen europäischen Ländern über sexuellen Missbrauch auf, der über mehrere Jahre hinweg innerhalb der eigenen Familie begangen wurde.

I. Introducción

Esteban Cuya

La violencia en sus diversas formas acompaña desde épocas inmemoriales a la humanidad. Ya en la Biblia se registra uno de los primeros casos de violencia intrafamiliar en la historia de la humanidad entre los hermanos Caín y Abel, que acaba con la muerte del segundo.

La violencia estructural

La incorporación de los pueblos americanos a la historia europea y mundial mediante la conquista española fue marcada por una extrema violencia, un genocidio que perduró por más de tres siglos. La violencia armada así como la estructural, ha caracterizado el desarrollo histórico de los pueblos de América Latina. (1)

Nicaragua sufrió inicialmente la violencia del conquistador español, que no tuvo reparos en tratar cruelmente a las mujeres, hombres y niños, esclavizándolos y oprimiéndolos. (2)

En la época moderna Nicaragua sufrió la violencia de los Estados Unidos de Norteamérica, que casi constantemente lo agredió para imponer su política colonialista.

La violencia intrafamiliar

Hoy en día la violencia intrafamiliar, el maltrato a mujeres y los abusos a niños y niñas son aceptados por muchos como algo normal en la vida cotidiana.

Sea en la rica Europa o en el continente americano, el maltrato infantil se practica en muchas familias, independientemente de su nivel económico, social o cultural.

En los últimos dos años se descubrieron casos de abusos sexuales cometidos dentro de la propia familia durante varios años en Austria como en Alemania y otros países europeos.

Im Fall von Nicaragua werden der Missbrauch von Kindern und die Gewalt gegen Frauen sowohl durch von Frauenrechtsorganisationen durchgeführten Untersuchungen bestätigt, als auch durch die Briefe, die von ca. 200 Kindern und Jugendlichen aus San Carlos an die Partnerstadt Nürnberg in Deutschland geschickt wurden.

En el caso de Nicaragua, el abuso contra menores de edad y la violencia contra las mujeres puede confirmarse por estudios elaborados por organizaciones feministas, así como por las cartas que cerca de 200 niños y jóvenes sancarleños enviaron a su ciudad hermana de Núremberg en Alemania.

Die geschichtlich und strukturell bedingte Gewalt wirkt sich auch auf die zwischenmenschlichen Beziehungen in der nicaraguanischen Gesellschaft aus.

La violencia histórica y estructural se reproduce también en las relaciones interpersonales en la sociedad nicaragüense.

Während eines Besuchs in San Carlos erzählten mir viele Kinder und Jugendliche aus den Schulen der Stadt ihren Kummer über die von der Gewalt geprägten Situation, die in den nicaraguanischen Familien herrscht und von der Gesellschaft trotz ihres Ausmaßes praktisch völlig ignoriert wird. (3)

En mi visita a San Carlos, muchos niños y jóvenes de las escuelas de la ciudad me plantearon su preocupación por la situación de violencia que se practica en las familias nicaragüenses y que, a pesar de su gravedad, es prácticamente ignorada por la sociedad en su conjunto. (3)

Laut den Briefen der Kinder von San Carlos sind Alkoholismus, Kinderarbeit und familiäre Gewalt, der sexuelle Missbrauch eingeschlossen, die derzeit gravierendsten Probleme der Minderjährigen in dieser Region.

Según las cartas de los niños de San Carlos, el alcoholismo, el trabajo infantil y la violencia intrafamiliar, que incluye abuso sexual, son los más graves problemas que afectan a los menores de edad en la región.

La danza y el baile transmiten nuestro deseo de ser felices.

Der Alkoholismus fügt sowohl den jungen Menschen wie auch den Erwachsenen, welche in ihm eine Flucht vor ihrer armen und marginalisierten Wirklichkeit suchen, großen Schaden zu. Jungen und Mädchen der ärmsten Familien leisten Kinderarbeit; damit versuchen diese zu überleben. Die Ausbeutung durch Kinderarbeit in Nicaragua hält die Ausgrenzung in Sachen Bildung und Kultur aufrecht.

Der sexuelle Missbrauch von Minderjährigen, den viele der jungen Autoren von San Carlos in ihren Briefen beklagen, wird durch das beengte Zusammenleben, die Promiskuität und den tief in der nicaraguanischen Kultur verwurzelten Machismo (Männlichkeitswahn) ermöglicht.

Wie Edith Brenner schreibt, liegt in Nicaragua „die lokale Ausprägung des Machismo (...) vor allem im Prahlen über die Anzahl der Kinder, die ein Mann mit möglichst vielen Frauen gezeugt hat. Die sexuelle Potenz der Männer und die „Produkte" derselben, die Kinder, sind das, was einen Mann als richtigen Mann auszeichnen. Verschiedenste Personen erzählten mir, ihre Väter hätten zwanzig, dreißig oder mehr Kinder gemacht…" (4)

Lassen wir die Kinder sprechen

Die internationale Gemeinschaft erkennt an, dass den Mädchen und Jungen, wie allen Menschen, Menschenrechte zustehen. Diese werden jedoch oft nicht zuerkannt. Bei Jungen und Mädchen in vielen Ländern, darunter Nicaragua, werden ihre Rechte paradoxerweise in ihrem eigenen Wohnumfeld oder innerhalb der Familie verletzt.

Die hier veröffentlichten Briefe vermitteln viel über die aktuelle soziale Problematik von San Carlos, wo sich das widerspiegelt, was auch im ganzen Land stattfindet. Es gibt eine unsichtbare, von dem immer noch so gegenwärtigen Machismo verstärkte Gewalt gegenüber Frauen und Kindern, welche die lateinamerikanischen Gesellschaften durchdringt.

In den übersandten Botschaften liest man unschuldige Kommentare wie den von „Acatzahuixochitl", die erwähnt: „In unserer Region gibt es viele Kinder, die arbeiten; sie verkaufen Enchiladas, Tortillas, Brot und putzen Schuhe." Aber man liest auch besorgnis-

El alcoholismo afecta tanto a los jóvenes como a los adultos, que buscan en él una fuga de su realidad de pobreza y marginación. El trabajo infantil es ejercido por niños y niñas de las familias más pobres que de esa manera buscan sobrevivir. La explotación laboral de la niñez en Nicaragua perpetúa su situación de marginación educativa y cultural.

Los abusos sexuales contra menores de edad, de los que se quejan en sus cartas muchos de los jóvenes autores de San Carlos, son facilitados por el hacinamiento, la promiscuidad y el machismo impregnado en la cultura nicaragüense.

Tal como escribe Edith Brenner, en Nicaragua „el rasgo típico local del machismo reside principalmente en vanagloriarse del número de hijos que un hombre procrea con el mayor número posible de mujeres. La potencia sexual de los hombres y sus „productos", los hijos, son las características de un „hombre de verdad". Las más variadas personas me contaron que sus padres habían tenido veinte, treinta o más hijos…" (4)

Dejar hablar a los niños

La comunidad internacional reconoce que las niñas y niños, así como todas las personas, tienen derechos humanos. Pero éstos no siempre son reconocidos. En el caso de los niños y mujeres en muchos países, entre ellos Nicaragua, sus derechos son violados paradójicamente en sus propias viviendas, o dentro del círculo familiar.

Las cartas publicadas en este libro transmiten mucho acerca de la problemática social actual de San Carlos, reflejo de lo que acontece en todo el país. Hay una violencia invisible contra mujeres y niños que atraviesa las sociedades en América Latina, estimulada por el machismo todavía tan presente.

En las cartas pueden leerse desde inocentes comentarios como los de "Acatzahuixochitl", quien expresa que „en nuestro departamento hay muchos niños y niñas que trabajan en las casas, los que venden enchiladas o tortillas, los que venden

erregende Darstellungen, wie zum Beispiel, wenn sie schreibt: „Ich habe von Fällen gehört, wo Väter, Onkel, Brüder ihre Kusinen, Schwestern vergewaltigen und danach wenn man sie fragt, weiß niemand etwas davon und das sind Fälle aus dem wahren Leben."

„Ahuachtli" hingegen erklärt: „Mir gefällt nicht, dass mein Papa krankhafter Alkoholiker (sic) ist und dass sich meine Eltern wegen der durch den Alkohol verursachten Probleme getrennt haben." Diese Meinung wird von anderen Jugendlichen aus San Carlos wiederholt und sie stellen dabei immer den Alkoholismus als eines der Hauptprobleme von San Carlos dar.

Was die Gewalt in Familien betrifft, so behauptet ein Autor, dass „dies aufgrund des wirtschaftlichen Schwundes und der Arbeitsplatzprobleme geschieht", er bittet die Behörden deswegen, „dass sie auf Schutz achten und darauf, dass die Ausbeutung von Kindern und Jugendlichen aufhört".

pan y los niños que lustran zapatos", hasta declaraciones preocupantes, como cuando ella misma afirma: "he oído decir en ocasiones que los padres, tíos, hermanos violan a sus primas, hermanas y después cuando preguntan nadie sabe y esos son casos de vida real."

Por su parte "Ahuachtli" declara: "Lo que no me gusta es que mi papá es un alcohólico enfermizo (sic), que mis padres se separaron por los problemas que han sucedido con el alcohol". Esto es reiterado por otros jóvenes, quienes no dudan en calificar el alcoholismo como uno de los principales problemas que afecta a San Carlos.

Respecto a la violencia dentro de la familia hay quien sostiene que "eso ocurre por desaparición económica y dificultades de trabajo" por lo cual él "les pediría a las autoridades que velen por la protección y que rompan esa explotación de niños(as) y adolescentes".

Gesetze existieren nur auf dem Papier

Die nicaraguanische Verfassung legt die unveräußerliche Pflicht des Staates zum Schutz seiner Bevölkerung gegen jede Form der Ausbeutung fest. In ihrem Artikel 36 wird proklamiert: „Jedem Mensch steht zu, dass seine physische, psychische und moralische Integrität respektiert wird. Niemand darf Folter, brutalen, unmenschlichen oder erniedrigenden Verfahren, Strafen oder Behandlungen ausgesetzt werden. Die Verletzung dieses Rechts ist eine strafbare Handlung und wird gesetzlich bestraft".

Nicaragua verfügt überdies über zahlreiche Gesetze zugunsten von Kindern, Jugendlichen und Frauen, die den größten Teil der innerfamiliären Gewaltopfer darstellen. So das Vormundschaftsgesetz von Minderjährigen, Gesetz 230, „Reformen und Ergänzungen zum Strafgesetz in Bezug auf die Prävention und Bestrafung von innerfamiliärer Gewalt"; das Gesetz 150 über Sexualdelikte, oder auch das „Gesetzbuch für Kinder und Jugendliche".

Darüber hinaus ratifizierte Nicaragua 1990 das Abkommen der Vereinten Nationen über Kinderrechte, welches ein Jahr zuvor beschlossen worden war. Jedoch sind in Nicaragua dem Großteil der Bevölkerung viele Gesetze nicht bekannt, und sie haben auch nicht die Absicht, diese zu befolgen. Hier ist die Justiz herausgefordert.

Leyes sólo en el papel

La Constitución Nicaragüense establece la obligación ineludible del Estado de proteger a su población contra toda forma de explotación. Proclama en su Artículo 36 que: "Toda persona tiene derecho a que se respete su integridad física, psíquica y moral. Nadie será sometido a torturas, procedimientos, penas ni a tratos crueles, inhumanos o degradantes. La violación de este derecho constituye delito y será penado por la ley".

Nicaragua cuenta además con numerosas leyes en favor de la niñez, la juventud y las mujeres que constituyen la mayor parte de víctimas de violencia intrafamiliar. Entre las leyes podemos mencionar por ejemplo: la Ley Tutelar de Menores, la Ley 230, de "Reformas y adiciones al Código Penal para la prevención y sanción de la violencia intrafamiliar", la Ley 150 sobre los delitos sexuales, así como el "Código de la Niñez y la Adolescencia".

Aún más Nicaragua ratificó en 1990 la Convención de las Naciones Unidas sobre los derechos de los niños, aprobada un año antes. Pero en Nicaragua la mayoría de las leyes generalmente son ignoradas por gran parte de la población, que tampoco tiene voluntad de cumplirlas. Esta situación es un gran desafío para la justicia.

Muchas veces los niños alimentan a toda su familia con su trabajo

Mit sehr direkten Worten zeichnen die jungen Menschen in San Carlos in diesem Buch einen Teil der Realität ihres Ortes auf. Diese bewegt sich zwischen der Option, persönliche Beziehungen der Gleichheit und des gegenseitigen Respekts aufzubauen oder aber sich von der Vergangenheit aufsaugen zu lassen, sich den Veränderungen zu widersetzen.

Die jungen Menschen in San Carlos stellen über ihre Briefe konkrete Fragen und benennen Herausforderungen, die analysiert werden müssen und die in den aktuellen Kampf für den völligen Respekt der Würde eines jeden Nicaraguaners, Männer wie Frauen, Erwachsener wie Kinder, miteinbezogen werden müssen. Hören wir die Stimmen derer, die uns um Unterstützung und Solidarität bitten.

En este libro los jóvenes de San Carlos retratan con palabras muy directas parte de la realidad de su pueblo, que se mueve entre las opciones de construir relaciones interpersonales de igualdad, de respeto mutuo, o dejarse consumir por el pasado, resistiéndose al cambio.

Los jóvenes de San Carlos nos plantean a través de sus cartas demandas concretas, desafíos que deben ser analizados, y que deben incorporarse a los actuales esfuerzos por lograr el pleno respeto de la dignidad de cada persona en Nicaragua, sea mujer o niño, o adulto. Escuchemos estas voces que nos demandan apoyo y solidaridad.

Cuando nuestros derechos humanos son respetados, podemos ser felices.

Niemand soll Zuschauer auf dem Balkon bleiben. Helfen wir den Kindern und Jugendlichen bei ihrem Kampf für die volle Anerkennung ihres Rechts auf ein Leben ohne Unterdrückung, ohne sexuellen Missbrauch, ohne jegliche Gewalt.

Wir hoffen, dass die Texte in diesem Buch die Leserinnen und Leser für die Rechte der Kinder sensibilisieren, ihnen die Augen für diese Realität voller Gewalt öffnen und sie dazu bewegen, diese Situation zu beenden.

Nadie debe quedarse como un espectador en su balcón. Apoyemos a los niños y jóvenes en su lucha por el pleno reconocimiento de su derecho a una vida sin opresión, sin abusos sexuales, sin violencia de ningún tipo.

Esperamos que los textos aquí incluidos sensibilicen a los lectores sobre los derechos de la niñez, les abran los ojos a esta realidad de violencia y les motiven a terminar con esta situación.

Ein Zeichen der Hoffnung

Bereits vor der Veröffentlichung dieses Buchs erreichte uns die Nachricht, dass sich in letzter Zeit in San Carlos ein Bewusstsein für die Problematik der innerfamiliären Gewalt in verschiedenen Organisationen gebildet hat.

Es gibt Gruppen wie z.B. ARETE, die sich organisiert haben, um die Opfer von intrafamiliärer Gewalt zu betreuen und rechtlich zu unterstützen, sowie die Wiederholung dieser Taten zu verhindern. (5)

Es ist sehr ermutigend, dass die Stimmen der Jungen und Mädchen, die das Schweigen gebrochen haben, bereits vor der Veröffentlichung des Buchs Auswirkungen haben.

Una señal de esperanza

Ya antes de la publicación de este libro, nos llegó la noticia de que en San Carlos se ha producido en el tiempo reciente, en diversas organizaciones, una toma de conciencia sobre la problemática de la violencia intrafamiliar.

Hay grupos como ARETE, que ya se han organizado para atender y apoyar jurídicamente a las víctimas de violencia intrafamiliar, así como para prevenir la repetición de estos hechos. (5)

Así resulta alentador que las voces de los niños y niñas que rompieron el silencio empiecen a producir efectos aún antes de la publicación del libro.

Un afiche de ARETE

Anmerkungen:

1. Unter struktureller Gewalt versteht man unter anderem Hunger, Armut, Rassismus, Analphabetismus, Probleme, die durch ungerechte soziopolitische Systeme hervorgerufen werden.

2. Über den Genozid an den indigenen Völkern Nicaraguas durch die Spanier erzählt Ricardo Pasos Marciacq meisterhaft in seinem jetzt schon zu den Klassikern gehörenden Roman "Burdel de las Pedrarias", der 1995 veröffentlicht wurde.

3. Dabei besuchte ich SchülerInnen der Schulen San Carlos Borromeo sowie Sagrado Corazón de Jesús. Außerdem sprach ich bei informellen Treffen auch mit SchülerInnen der Cristo Rey Schule.

4. Edith Brenner: Weibliche Potenzen, Mutterbindung und männliche Identität in Nicaragua. In: Werkblatt 29/30, S. 102

5. ARETE wurde von der Stiftung San Lucas in San Carlos im April 2008 eingerichtet. Es ist die erste Organisation, in der mehrere staatliche und kommunale Einrichtungen zusammen arbeiten, um gegen die innerfamiliäre Gewalt anzukämpfen und die Opfer dieser Misshandlungen sowohl psychologisch als auch rechtlich zu unterstützen. Siehe auch „El Nuevo Diario", Managua, 28.05.2008

Notas:

1. Se considera violencia estructural al hambre, la pobreza, el racismo, el analfabetismo, entre otros problemas, originados por sistemas socio-políticos injustos.

2. El genocidio de los pueblos originarios de Nicaragua por parte de los españoles es narrado magistralmente por Ricardo Pasos Marciacq en su ya clásica novela "El Burdel de las Pedrarias" publicado en 1995.

3. En aquella ocasión visité a los alumnos/as del Instituto San Carlos Borromeo así como de la Escuela particular Sagrado Corazón de Jesús. Además en encuentros informales hablé también con alumnas del Colegio Cristo Rey.

4. Edith Brenner: Potencias femeninas, lazos maternos e identidad masculina en Nicaragua. En: Werkblatt 29/30, Pág. 102

5. ARETE fue constituida en San Carlos por la Fundación San Lucas en abril del 2008. Es la primera organización integrada por diversas entidades estatales y comunales para enfrentar la violencia intrafamiliar y ofrecer ayuda psicológica y jurídica a las víctimas de estos abusos. Vea también "El Nuevo Diario, Managua", 28.05.2008

Lieben ist Erzählen

Gioconda Belli

Es ist eine Tatsache, dass in den Industrieländern der Reichtum, die Technologie und die Geschwindigkeit der modernen Kommunikationsmöglichkeiten zur Isolierung führen können und häufig auch dazu führen. Zwischen dem Bemühen, Geld zu machen, um Zugang zu den Konsumgütern und den virtuellen Welten zu erlangen, in welchen wir nicht mehr gesehen werden müssen, um zu existieren, und in denen alles unserer Kontrolle unterliegt, wird es immer seltener, dass wir über die Zeit und die nötige Aufmerksamkeit verfügen, einander zuzuhören.

Ein Buch wie das vorliegende zwingt uns zum Innehalten, zwingt uns zur Erinnerung an diese andere Welt, die schweigend an fernen Orten existiert. Auch wenn diese andere Welt noch so sehr die unsere ist, ebenso wie die Straßen, auf denen wir täglich gehen, so erreichen uns doch kaum ihre Geschichten und ihre Stimmen. Und trotzdem: Das Hören dieser realen Erfahrungen, das Lesen dieser aufrichtigen, unschuldigen Berichte der Jungen und Mädchen von San Carlos in Nicaragua über die Probleme, die sie quälen, über die Dinge, die sie glücklich machen, und über ihre Hoffnungen schafft eine Verbindung nicht nur zu diesem weit entfernten und abgelegenen Ort, sondern auch zu uns selber.

Was diese Jungen und Mädchen erzählen, das geschieht nicht nur ihnen. Gewiss erleben sie die Dinge schonungsloser und unter Bedingungen, die durch die extreme Armut ihres Lebensumfelds verschärft werden, aber wir alle wissen, wovon sie sprechen.

Die Wehrlosigkeit und das Desinteresse, die Brutalität und der Missbrauch sind Schmerzen unserer Zeit und sein Echo berührt uns, sei es auf direktem oder indirektem Wege.

Die Unmittelbarkeit, mit der diese Kinder jedoch leben, ihre einfache Art zu sprechen, die Intuition, mit der sie die Wirkung wahrnehmen, welche jene Erfahrungen auf ihren Alltag und ihr Umfeld haben, schaffen es in wenigen Worten, die Leser tief im Herzen zu packen. Und dies auf eine Weise, dass sich das Nachdenken über ihren Schmerz zum Nachdenken nicht nur über ihre Zukunft, sondern über die Zukunft aller weiterentwickelt. Und es gibt im

Amar es contar

Gioconda Belli

Es un hecho que, en las sociedades desarrolladas, la riqueza, la tecnología, la rapidez de las comunicaciones modernas pueden conducir, y con frecuencia conducen, al aislamiento. Entre la ocupación de producir dinero para acceder a los productos de consumo y los mundos virtuales donde no necesitamos ser vistos para existir y donde todo está bajo nuestro control, es cada vez más raro que dispongamos del tiempo y la atención requerida para escucharnos los unos a los otros.

Un libro como éste nos obliga a detenernos, nos obliga a recordar ese otro mundo que existe callado en lugares distantes. Aunque ese otro mundo sea tan nuestro como las calles donde a diario caminamos, sus historias y sus voces apenas nos alcanzan. Y sin embargo, escuchar hablar de estas realidades, leer las cándidas respuestas y relatos de los niños y niñas del Puerto de San Carlos en Nicaragua sobre los problemas que los aquejan, las cosas que los hacen felices y sus esperanzas, nos conecta, no sólo con ese remoto y apartado pueblo, sino con nosotros mismos.

Lo que narran estos niños y niñas, no sólo les sucede a ellos. Ciertamente que ellos lo viven de manera más cruda y en una circunstancia agravada por la pobreza extrema en que se desarrollan sus vidas, pero todos y todas sabemos de lo que están hablando.

La indefensión, el abandono, la crueldad y el abuso, son dolores de nuestro tiempo y su eco nos toca, ya sea directa o indirectamente.

Sin embargo, la inmediatez con que lo viven estos niños, su manera sencilla de decirlo, la intuición que los hace percibir el impacto que estos comportamientos tienen en su vida cotidiana y en el mundo donde existen, logra en pocas palabras calar muy dentro del corazón. Es así que la reflexión sobre sus penurias, se transforma en una reflexión, no sólo sobre su futuro, sino sobre el futuro de todos. Y es que hay algo triste y roto en el

Geist der heutigen Zeit tatsächlich etwas Trauriges und Zerbrochenes, etwas, was wieder zusammengefügt werden muss.

Wir Menschen können nicht in dem Glauben weiterleben, gegen die Gewalt gewappnet zu sein, wenn wir lediglich unser eigenes Umfeld schützen.

Die Gewalt breitet sich aus: Es ist die Gewalt der Armut, die Gewalt des Krieges, der Hungersnöte; aber es ist auch die Gewalt der Einsamkeit, der Gleichgültigkeit, der Ignoranz. Es ist ein umfassendes Übel und muss als solches als ein gemeinsames Problem angepackt werden. Es kann kein wirkliches Glück existieren, wenn es nur hinter den Mauern von Gleichgültigkeit und Vergessen aufrechterhalten werden kann.

Daher berührt uns ein Buch wie dieses, das uns Meinungen und Erfahrungen von Kindern, die unterschiedlichen Ausdrucksformen der Gewalt ausgesetzt sind, vorführt. Und dadurch hält es uns zu Mitgefühl und Solidarität an, zum Kern unseres Menschseins.

Seit 1985 ist die Stadt Nürnberg mit der kleinen und armen Stadt San Carlos in Nicaragua partnerschaftlich verbunden. Diese beharrlich von Bürgern und örtlichen Stadtregierungen auf beiden Seiten des Ozeans gepflegten Beziehungen haben Annäherung und Vertrauen geschaffen, wodurch es wiederum möglich wurde, die in diesem Buch enthaltenen Aussagen zu erhalten. Diese Kinder, denen es an allem fehlt, bieten hier ihre Geschichten an und teilen ihre Erfahrungen. Dies ist ihre Art, die Hand auszustrecken, Liebe zu geben und um sie zu bitten, und ihre Art zu glauben, dass sie nicht allein sind.

espíritu de estos tiempos, algo que requiere recomponerse.

Los seres humanos no podemos seguir creyendo que podemos inmunizarnos contra la violencia, protegiendo solamente nuestros espacios individuales.

La violencia se extiende: es la violencia de la pobreza, la violencia de la guerra, de las hambrunas; pero es también la violencia de la soledad, de la indiferencia, de la ignorancia. Es un mal general y como tal hay que abordarla como un problema común. No puede existir la verdadera felicidad si la única manera de obtenerla es amurallándonos tras la indiferencia y el olvido.

Por eso un libro como éste, al presentarnos las opiniones y experiencias de estos pequeños que viven las diversas expresiones de la violencia, nos conmueve y, al hacerlo, nos acerca a la compasión, a la solidaridad, a la esencia de nuestra humanidad.

Desde 1985 la ciudad de Núrenberg ha estado hermanada con el pequeño y pobre pueblo de San Carlos en Nicaragua. Ese vínculo conservado tenazmente por ciudadanos y gobiernos locales al uno y otro lado del océano, ha generado el acercamiento y la confianza que ha hecho posible recoger los testimonios contenidos en este libro. Estos niños que carecen de tanto, ofrecen aquí sus historias, comparten sus experiencias. Es su manera de extender la mano, de dar y pedir amor, de creer que no están solos.

II. Die Kinder klagen den Missbrauch an

Die Kinder in San Carlos leben in sehr bescheidenen Verhältnissen. Die schwerwiegendsten Probleme entstehen durch die Armut, die das Leben der Kinder in diesem Landstrich bestimmt.

Aahuiani (Der Fröhliche)
4. Klasse, Schule Heiliges Herz Jesu

Am besten gefällt mir an meiner Straße, dass sie gepflastert ist und dass ich hier viel mit meinen Freunden spiele. Mich stören in meinem Stadtteil die vielen Stechmücken in der Nacht und auch die Pfützen, die sich bei Regen bilden.

Ich besuche die vierte Klasse und alle Fächer machen mir Spaß. Meine Traumberufe für später wären Jurist mit Doktortitel oder Ingenieur.

Womit ich an der Schule nicht zufrieden bin, ist die mangelhafte Ausstattung der Klassenzimmer. Bei starkem Regen steht die ganze Schule unter Wasser. Wir bräuchten außerdem eine Bibliothek, damit wir unser Fachwissen mit Anschauungsmaterial bereichern können.

II. Los niños y niñas se quejan contra los abusos

Los niños y niñas de San Carlos viven en condiciones muy limitadas. Los principales problemas se dan por la extrema pobreza que viven los niños en nuestra región.

Aahuiani (Alegre)
4to grado, Colegio Sagrado Corazón de Jesús

Lo que más me gusta de mi calle es que está adoquinada y juego con mis amiguitos. Lo que no me agrada de mi barrio, es la plaga de mosquitos por la noche y los charcos cuando llueve.

Estoy en 4to Grado de Primaria y lo que más me gusta es estudiar todas las asignaturas. Mis sueños son de llegar a ser un doctor en leyes o un ingeniero.

Lo que no me agrada de mi colegio es la falta de condiciones en las aulas de clases. Cuando llueve con intensidad todo el colegio se inunda de agua. Necesitamos una Biblioteca para ilustrar nuestros conocimientos académicos.

Die Kinder in San Carlos leben in sehr bescheidenen Verhältnissen. Die schwerwiegendsten Probleme entstehen durch die Armut, die das Leben der Kinder in diesem Landstrich bestimmt.

Ich finde, es dürfte gar keine Kinderarbeit geben, denn wenn die Kinder auf der Straße arbeiten, dann gehen sie ja nicht zur Schule.

Ich lehne die Armut ab, in der ich lebe. Von meinen Eltern würde ich mir am liebsten Bücher und einen Computer wünschen. Meine Familie hält immer fest zusammen, Gewalt ist bei uns kein Thema.

Es gibt ein Sprichwort, das sagt: Ein Recht, das nicht verteidigt wird, ist ein verlorenes Recht.

Den Kindern in Nürnberg möchte ich gerne mitteilen, dass sie sich bitte mit den Kindern in San Carlos solidarisieren und sich um Besuche zwischen den beiden Städten bemühen. Ich rufe die Kinder von Nürnberg, von ganz Deutschland und allen Kontinenten auf, dass wir uns alle brüderlich zusammenschließen.

Los niños y niñas de San Carlos viven en condiciones muy limitadas. Los principales problemas se dan por la extrema pobreza que viven los niños en nuestra región.

Pienso que el trabajo infantil no debe de existir, porque los niños no van a la escuela, por andar trabajando en la calle.

Rechazo la condición de pobreza en que vivo. A mis padres les pediría libros y una computadora. Mi familia es muy unida. No se dan esos casos de violencia.

Derecho que no se defiende es derecho que se pierde.

Mi mensaje es que se solidaricen con los niños de San Carlos y programar visitas entre nuestras dos ciudades. Hago un llamado a los niños de Núremberg, de toda Alemania, de todos los continentes, que nos unamos en hermandad.

Sueño con ser una ginecóloga,
pero para eso tengo
que estudiar mucho

Ich habe von Fällen gehört, wo Väter, Onkel, Brüder ihre Cousinen, Schwestern vergewaltigen und danach, wenn man sie fragt, weiß niemand etwas davon. Und das sind Fälle aus dem wahren Leben.

Acatzahuixochitl (Orchidee)
6. Klasse, Schule Juanita Vigil Sandino

Was gefällt dir in deinem Viertel und deiner Straße am besten? Hat sich der Zustand der Straße verbessert?

Gut, die Straße in meinem Viertel ist immer noch nicht besser, aber ich denke, dass sie bald besser sein wird. Was mir an meinem Viertel gefällt, ist, dass die Kinder hier nicht viel streiten, wir spielen alle friedlich ohne Egoismus zusammen.

An meinem Viertel gefällt mir nicht, dass es viele Jugendliche gibt, die über persönliche Probleme streiten und sie fangen auch an, zu schlägern, sie sagen sich böse Sachen, die die Kinder von ihnen lernen.

Was gefällt dir an deiner Schule am besten?

Ich spreche gerne mit meiner Lehrerin über meine Ausbildung, über die Schwierigkeiten und Probleme der Kinder, die in der Schule streiten und sich danach schlägern.

Gibt es etwas in deiner Schule, das dir nicht gefällt? Wie könnte man den Unterricht an deiner Schule verbessern?

An meiner Schule gefällt mir nicht, dass die Kinder beim Spielen anfangen zu streiten und danach kämpfen und danach kommen die Mütter und beschimpfen die Lehrerin.

Kannst du die Situation der Kinder in San Carlos beschreiben?

Die Situation der Kinder und Jugendlichen von San Carlos gefällt mir nicht und macht mich traurig, weil die Mütter ihre Kinder zum Verkaufen schicken und die Jugendlichen misshandeln sie.

Wie denkst du über Kinderarbeit? Kennst du Jungen und Mädchen, die arbeiten?

Oigo decir en ocasiones que los padres, tíos, hermanos violan a sus primas, hermanas. Y después cuando preguntan, nadie sabe. Y esos son casos de la vida real.

Acatzahuixochitl (Flor de orquídea)
6to grado, Juanita Vigil Sandino

¿Qué es lo que más te gusta de tu barrio?, ¿ha mejorado el estado de tu calle?

Bueno la calle de mi barrio todavía no ha mejorado, pero pienso que pronto va a mejorar. Lo que me gusta de mi barrio es que no hay niños pleitistas, todos jugamos en paz, sin egoísmo.

Lo que yo detesto en mi barrio es que hay muchos jóvenes que viven discutiendo por problemas personales y también se comienzan a pelear, se dicen cosas malas que los niños las aprenden.

¿Qué es lo que más te gusta de tu escuela?

A mí me gusta conversar con mi profesora sobre mis estudios, sobre las dificultades y problemas de los niños que discuten en la escuela y que después se ponen a pelear.

¿Hay algo que no te gusta en la escuela, cómo se podría mejorar el aprendizaje?

Lo que no me gusta de mi escuela es que los niños jugando se ponen a discutir y después se pelean. Ese es el problema y después llegan las madres a maltratar a la profesora.

¿Puedes describir la situación de los jóvenes y niños de San Carlos?

Lo que no me gusta, y lo que me da tristeza es porque las madres mandan a vender a los hijos y los jóvenes los maltratan.

¿Qué piensas acerca del trabajo infantil, conoces niños o niñas que trabajan?

Ja klar kenne ich Fälle von Kinderarbeit, in unserem Bezirk gibt es viele arbeitende Kinder, sie verkaufen Enchiladas, Tortillas, Brot und putzen Schuhe.
Gibt es etwas, das dir zu Hause, in deiner Familie, nicht gefällt, etwas, das du ablehnst? Wenn du deinen Vater um etwas bitten könntest, was würdest du dir wünschen?

Meine Eltern würde ich bitten, dass sie nicht in der Familie streiten und dass wir in Frieden leben, in Harmonie innerhalb des Hauses, ohne über Dinge zu streiten, die es nicht wert sind.

Kennst du Fälle von Gewalt gegen die Kinder in der Familie? Aus welchen Gründen, meinst du, passiert so was?

Si claro, en nuestro departamento hay muchos niños y niñas que trabajan en las casas, los que venden enchiladas, tortillas. También venden pan y lustran zapatos.
¿Hay algo que no te gusta dentro de tu casa, tu familia, algo que rechazas?, ¿Si pudieras pedirle algo a tus padres, que les pedirías?

Yo les pediría a mis padres que no discutan entre familiares, que vivamos en paz, en armonía dentro de la casa, sin discutir cosas que no se deben.

¿Conoces casos de violencia entre niños y niñas, por qué motivo tú piensas que ocurren?

Seamos ricos o pobres debemos ayudar a los demás y más cuando es un niño o niña

Gut, ich habe von Fällen gehört, wo Väter, Onkel, Brüder ihre Cousinen, Schwestern vergewaltigen und danach, wenn man sie fragt, weiß niemand etwas davon und das sind Fälle aus dem wahren Leben.

Bueno oigo decir en ocasiones que los padres, tíos, hermanos violan a sus primas, hermanas. Y después cuando preguntan, nadie sabe y esos son casos de la vida real.

Alle Kinder und Jugendlichen haben das Recht auf Leben, das Recht auf Bildung, auf ein Leben in Frieden, Harmonie und Glück.

Was würdest du dir von der Regierung von San Carlos wünschen?

Die Behörden würde ich bitten, dass sie die Eltern bitten, dass sie ihre Kinder zu Hause nicht misshandeln sollen und auf die Jugendlichen aufpassen sollen.

Hast du eine Nachricht für die Kinder und Jugendlichen in Nürnberg?

Ich rate ihnen, dass sie nicht die Kinder misshandeln, dass sie Gewalt nicht kennenlernen, damit es keinen Streit in den Familien gibt, und dass sie unter dem Schutz der Menschenrechte stehen.

Todos los niños, niñas, jóvenes tenemos todos los derechos de nuestra vida, tenemos el derecho de estudiar, de vivir en paz y en armonía, y con felicidad.

¿Qué les pedirías a las autoridades de San Carlos?

Yo les pediría a las autoridades que les pidan a los padres que no maltraten a sus hijos dentro de la casa y que cuiden a los jóvenes.

¿Tienes algún consejo para los niños y jóvenes de Núremberg?

Les aconsejo que no maltraten a los niños, que no sepan qué es violencia, que no haya discusión o maltrato entre familias, y que disfruten los derechos humanos.

Manchmal nützen die Eltern ihre Kinder aus, weil sie nicht arbeiten, sondern ihre Kinder zum Verkaufen schicken. Sie bleiben zu Hause und verschwenden das ganze Geld, das ihre Kinder verdient haben, um Essen zu kaufen, für Glücksspiel oder Alkohol.

Acitlalmichitli (Seestern)

14 Jahre, 3. Klasse Sekundarschule Cristo Rey

Hallo!
Ich hoffe ihr seid alle gesund und im Kreise eurer Familien.

Ich lebe bei meiner Mutter. Ich habe vier Geschwister, drei Schwestern und einen Bruder, aber wir leben nicht zusammen. Ich tanze und singe gerne. Ich träume davon, Frauenärztin zu werden, aber dafür muss ich viel lernen.

Nachdem ich euch gegrüßt habe, möchte ich euch sagen, dass die Situation der Kinder in San Carlos sehr schmerzhaft ist, da sie, um sich ernähren und ihre Familie unterstützen zu können, auf die Straße gehen müssen, um zu verkaufen, Schuhe zu putzen oder Taschen und andere Dinge zu tragen. Einige von ihnen verbringen den Tag ohne Essen, manchmal waschen sie sich nicht einmal.

Andere Kinder betteln um essen zu können, es gibt einige Leute, die ihnen Kleidung und Schuhe etc. schenken, aber es gibt auch welche, die sie ignorieren, weil sie arm sind und sie geben ihnen nichts, sie verweigern ihnen einen Teller Essen und manchmal sogar ein Glas Wasser.

Andere Kinder lassen sich, um alle Tortillas zu verkaufen, von erwachsenen Männern betatschen, und nur so bringen sie das ganze Geld nach Hause, weil manche Mütter ihnen sagen, dass sie, wenn sie nicht alle Tortillas verkaufen, besser nicht nach Hause kommen, weil sie sie sonst schlagen. Andere werden geschlagen und sexuell missbraucht, wenn sie auf der Straße schlafen.

Manchmal nützen die Eltern ihre Kinder aus, weil sie selber nicht arbeiten, sondern ihre Kinder zum Verkaufen schicken. Sie bleiben zu Hause und verschwenden das ganze Geld, das ihre Kinder verdient haben, um Essen zu kaufen, für Glücksspiel oder Alkohol.

A veces los padres explotan a sus hijos porque ellos no se ponen a trabajar, sino que mandan a sus hijos a vender y se quedan ellos sentados en sus casas y derrochan todo el dinero que ganan sus hijos para alimentarse, en juegos de azahar o en licor.

Acitlalmichitli (Estrella de mar)

14 años, 3ero de secundaria, Colegio Cristo Rey

! Hola!
Espero que se encuentren bien de salud y al lado de toda su familia.

Yo vivo con mi mama. Tengo cuatro hermanos, tres hermanas y un hermano pero vivimos en casas separadas. Me gusta mucho bailar y cantar. Sueño con ser una ginecóloga, pero para eso tengo que estudiar mucho.

Después de saludarles quiero decirles que la situación de los niños(as) de San Carlos es muy dolorosa, ya que para poder alimentarse y para poder ayudar a su familia los niños tienen que salir a las calles a vender, otros a lustrar zapatos o si no a acarrear bolsos u otras cosas. Algunos de ellos pasan sin comer todo el día, a veces ni se bañan.

Otros niños piden dinero para poder comer, hay algunas personas que les regalan ropa, calzado etc. pero hay otros que los ignoran, solo porque son pobres y no les regalan nada, les niegan un plato de comida y a veces hasta un vaso de agua.

Otros niños por vender todas las tortillas son manoseados por muchos señores adultos, y así ya llevan dinero a sus casas, porque algunas madres les dicen que si no venden todas las tortillas, que mejor ni lleguen a la casa, porque si no los pegan. Otros son golpeados y abusados sexualmente cuando duermen en las calles.

A veces los padres explotan a sus hijos porque ellos no se ponen a trabajar, sino que mandan a sus hijos a vender y se quedan ellos sentados en sus casas y derrochan todo el dinero que ganan sus hijos para alimentarse, en juegos de azahar o en licor.

Sie lassen es sich gut gehen, essen und trinken, während ihre Kinder unter der Sonne leiden, die Hitze aushalten, Beleidigungen und Misshandlungen ertragen müssen, um das Geld zusammen zu bekommen und essen zu können.

Ellos lo pasan bien, comiendo y bebiendo, mientras sus hijos sufren bajo el sol, soportan el calor, sufren insultos, abusos para poder recoger dinero para alimentarse.

Es gibt einige Kinder, die von der Schule träumen und davon, jemand im Leben zu sein, aber die wirtschaftliche Situation verhindert das. Weil sie nicht in die Schule gehen können, stehlen genau diese Kinder, schnüffeln Klebstoff, rauchen Marihuana, werden Kriminelle, weil es ihnen an Nahrungsmitteln oder Ausbildung fehlt und manche machen es, weil sie von ihren Eltern keine Zuneigung bekommen.

Hay algunos niños que sueñan con estudiar y ser alguien en la vida, pero la situación económica en que viven se lo impide. Esos mismos niños ya que no pueden estudiar se dedican a robar, *oler pega,* fumar marihuana, se vuelven delincuentes por la misma falta de alimento o de estudio, algunos lo hacen por falta de cariño de sus padres.

Ich würde mir wünschen, dass alle Kinder, die (auf der Straße) schlafen und Müll sammeln, um zu essen, ihr eigenes Essen, Haus, Bett, Kleidung, Schuhe, etc. haben, damit sie gut schlafen, ohne dass ihnen kalt ist.

Desearía que todos los niños que duermen y que recogen basura para comer, tuvieran su propia comida, casa, cama, ropa, zapatos, etc. Para que duerman bien, sin pasar frío, etc.

Alle diese Kinder haben viele Probleme und sind schwierigen Situationen ausgesetzt, wie z.B.: Dass sie nach der Geburt wegen der Armut von ihren Eltern verlassen werden. Oder manchmal lassen sie sie einfach auf der Straße zurück und dann wachsen die dort auf und geraten auf die schiefe Bahn, weil andere sie dazu bringen in Banden einzutreten und zu stehlen, zu töten und sie sind nicht

Todos estos niños tienen muchos problemas y muchas situaciones que los afectan, como: El abandono de sus padres, ya que cuando ellos nacen los abandonan por la misma pobreza, o a veces los dejan botados en la calle. Y es ahí en la calle donde crecen y toman un mal camino, porque otros los instruyen a que se metan en pandillas y que roben y maten y

Desde muy temprano a los niños se les enseña la artesanía de sus padres

wie andere Kinder, die Annehmlichkeiten haben. Anstelle von Annehmlichkeiten haben sie Einschränkungen.

Manche sind so, dass sie sich den Banden zuwenden, weil sie Probleme in der Familie haben oder weil sie früher misshandelt wurden und deswegen sind sie geistig und emotional verwirrt, weil sie nicht angemessen versorgt wurden.

Ein anderer Umstand, der sie betrifft, ist die Armut, weil sie verzweifelt sein müssen. Sie haben kein Geld oder wissen nicht, wie sie ihre Kinder ernähren sollen.

Ich glaube, dass es an der Zeit ist, dem allen ein Ende zu setzen, denn wegen dieser Kriminalität sterben Tag für Tag viele Kinder, die ermordet oder sexuell missbraucht werden.

Mein Lebensmotto:
Begegne dem Leben mit einem Lächeln, auch wenn deine Probleme unüberwindbar scheinen, weil das Leben das Beste ist, was es auf der Welt gibt und weil man es voll auskosten muss.

Grüße an alle, bis bald!

Klebstoff schnüffeln: Man benutzt Klebstoff als Droge.

no son como los otros niños que tienen comodidades. Por ello en vez de comodidad tienen limitaciones.

Algunos son así, o sea, que algunos acuden en las pandillas, talvez por problemas familiares, o porque cuando eran pequeños fueron abusados y de eso les quedó un trastorno mental y emocional, ya que no fueron atendidos debidamente.

Otra situación que les afecta es la pobreza ya que ellos se deben sentir desesperados porque no tienen dinero o porque no saben cómo alimentar a sus hijos.

Yo creo que ya es hora de poner fin a todos estos hechos, porque por la misma delincuencia mueren día a día muchos niños que son asesinados o abusados sexualmente.

Mi lema:
Sonríe a la vida aunque estés pasando por dificultades difíciles porque la vida es lo más maravilloso en este mundo y hay que vivirla al máximo!

Saludos a todos ustedes, hasta pronto!

Oler pega: Drogarse inhalando goma.

Meine Eltern haben sich getrennt wegen der Probleme, die mit dem Alkohol kamen.

Ahuachtli (Tau)
6. Klasse, Schule Juanita Vigil Sandino

Was gefällt dir am Besten an deinem Stadtteil? Hat sich deine Strasse verbessert?

Ich mag es, dass die Leute in meinem Viertel sehr ruhig sind und auch, dass um mich herum viel Natur ist und meine Freunde in der Nähe wohnen. Meine Strasse ist besser geworden, weil Reparaturen durchgeführt worden sind.

Gibt es etwas, das du an deinem Stadtteil gar nicht magst?

Mis padres se separaron por los problemas que han sucedido con el alcohol.

Ahuachtli (Rocío)
6to grado, Escuela Juanita Vigil Sandino

¿Qué es lo que más te gusta de tu barrio? ¿Ha mejorado el estado de tu calle?

Me gusta que las personas que hay en mi barrio son muy tranquilas y también porque estoy rodeada de la naturaleza y de amigos.
Si mi calle ha mejorado porque se han hecho reparaciones.

Hay algo que detestas que no te gusta de tu barrio?

Ja. Zum Beispiel gibt es viele Häuser, die Latrinen brauchen, und die Verantwortlichen für die Stadtteile kümmern sich nicht darum, die Bedürfnisse der Menschen zu befriedigen.

Was gefällt dir an deiner Schule am besten?

Am besten gefällt mir an der Schule die gute Beziehung zwischen der Lehrerin und den Schülern.
Gibt es etwas, das du hasst oder das dir nicht gefällt? Wie könnte man den Unterricht verbessern?

Ja, was mir nicht gefällt, sind die Toiletten, die in einem schlechten Zustand sind. Man könnte den Unterricht in meiner Schule verbessern, indem man Lerngruppen einrichtet.

Die Hauptprobleme der Jugendlichen in San Carlos sind die Armut und dass es keine Freizeitzentren gibt, in denen sie sich erholen und beschäftigen können. Deswegen machen sie viele schlimme Sachen.

In vielen Familien hier ist die Kinderarbeit notwendig, um zu überleben. Ja, ich kenne viele in meiner Gegend.

Gibt es etwas in deinem Haus, das du nicht magst, verweigert dir deine Familie etwas? Wenn du dir von deinen Eltern etwas wünschen könntest, was wäre es?

Was mir nicht gefällt ist, dass mein Papa krankhafter Alkoholiker ist, und dass meine Eltern sich getrennt haben wegen der Probleme, die mit dem Alkohol kamen.

Was würdest du dir von der Regierung von San Carlos wünschen?

Ich würde mir wünschen, dass sie mehr Freizeitzentren für die Jugendlichen schaffen, damit es nicht so viel Kriminalität gibt.

Hast du eine Nachricht für die Jungen und Mädchen?

Dass sie nicht auf die schiefe Bahn geraten sollen und dass sie versuchen sollen, ihre eigene Situation zu verbessern, indem sie viel lernen, damit sie in der Zukunft einen Beruf haben können.

Si, por ejemplo hay muchos hogares que necesitan de letrinas y los líderes de sectores no se han preocupado por dar una buena respuesta a las necesidades de estos hogares.

¿Qué es lo que más te gusta de tu escuela?

Lo que más me gusta en la escuela es la relación que existe entre la maestra y los alumnos.
¿Hay algo que te disgusta, que no te agrada de tu escuela, cómo se podría mejorar el aprendizaje?

Si, lo que no me gusta son los servicios higiénicos que están en mal estado. Se podría mejorar el aprendizaje en mi escuela haciendo círculos de estudios.

Los principales problemas que afectan a la juventud en San Carlos son la pobreza y los diferentes vicios, ya que no hay centros recreativos donde se pueda recrear la juventud. Es por eso que hay muchos vicios en este lugar.

El trabajo infantil es un medio de sobrevivencia en muchos hogares de esta población. Si, conozco a muchos niños que trabajan en mi comunidad.

¿Hay algo que no te guste dentro de tu casa, tu familia te rechaza algo?, ¿si pudieras pedirle algo a tus padres que les pedirías?

Lo que no me gusta es que mi papá es un alcohólico enfermizo, y que mis padres se separaron por los problemas que han sucedido con el alcohol.

¿Qué les pedirías a las autoridades de San Carlos?

Les pediría que construyan centros recreativos para la juventud, para que no haya mucha delincuencia.

¿Tienes algún mensaje para los niños o jóvenes?

Que no se metan en vicios y que busquen como superarse estudiando para ser profesionales en el futuro.

Ich bitte die Stadtverwaltung von San Carlos darum, dass sie sich um ein Gesetz bemüht, das dafür sorgt, dass alle verantwortungslosen Eltern bestraft werden, die ihre Kinder vernachlässigen und auf die Straße schicken.

Beto (Gilberto)
3. Klasse, Sekundarschule Heiliges Herz Jesu

Also in meinem Stadtteil lässt es sich gut leben; *es ist immer viel los,* das gefällt mir. Meine Schule ist ganz in der Nähe, es gibt auch ein Projekt namens *Rayitos de Sol.* Jung und Alt gehen dort hin, um Computerfortbildungskurse zu besuchen.

Die Straße in meinem Viertel ist noch nicht gepflastert, aber der Gehsteig wird ausgebessert, und es ist demnächst auch geplant, die Straße zu pflastern. Mir gefällt mein Viertel sehr gut. Viele der Straßen sind schon ausgebessert.

Auch an meiner Schule gibt es eigentlich nichts, was mir nicht gefällt, alles ist ok. Alle Fächer machen mir Spaß, am meisten Spanisch und Mathematik. Darin bin ich gut, ich weiß viel und beherrsche das Einmaleins, aber meistens kriege ich dann letztendlich eine schlechte oder mittelmäßige Note, weil ich mich nicht auf die Rechenaufgaben konzentriere. Trotzdem weiß ich, dass ich sie

Yo les pido a las autoridades de San Carlos, que hagan un gran esfuerzo, para que hagan una ley para castigar a todos los padres irresponsables que dejan a los hijos botados, a la intemperie.

Beto (Gilberto)
3er grado, Colegio Sagrado Corazón de Jesús

Bueno mi sector es bien agradable, me gusta que hay *mucha concurrencia* (mucha gente). La escuela donde estudio me queda cerquita. También hay un proyecto que se llama *Rayitos de Sol,* muy asistido por jóvenes y personas adultas capacitándose técnicamente en Computación.

La calle de mi sector todavía no está adoqui-nada, pero están haciendo remodelaciones de los andenes. Hay proyecto de corto plazo para adoquinar la calle. Mucho me gusta mi barrio. En mi sector han mejorado las calles.

Propiamente de mi escuela no hay nada que no me guste, todo es bonito. Me gustan todas las asignaciones, pero las que más me gustan son español y matemática. Sé que las domino, me sé las tablas, pero saco mala nota o baja nota, por no fijarme en las operaciones que hago. Pero sé que las domino, puedo hacerlas, pero soy muy inquieto, soy muy inteligente, las lecciones me

lösen könnte. Ich bin nur so zappelig, aber trotzdem nicht dumm. Was wir im Unterricht besprechen, das kapiere ich schnell, aber wenn dann die Prüfungen kommen, mache ich es immer irgendwie anders.

Ich möchte später einmal eine Ausbildung machen. Ich weiß noch nicht genau als was, aber das wird sich ergeben.

las aprendo rápido, pero cuando me toca hacer los exámenes, lo hago de otra manera.

En el futuro quiero ser un profesional, no sé qué profesión, pero talvez de acuerdo al momento.

Meine Schule ist sehr schön, ich bin hier schon seit der ersten Klasse. Ich fühle mich wohl. Ich mag meine Freundinnen und Freunde sehr gerne und auch die Lehrer. Es macht mich stolz, dass wir so eine schöne Uniform haben und eine Musikkapelle.

Etwas zu lernen ist sehr wichtig, aber manchmal mussten wir leider feststellen, dass es unter den Lehrern auch solche gibt, denen nur ihr Gehalt am Monatsende wichtig ist und die nicht einmal die Hausaufgaben korrigieren. Es ist ihnen egal, ob wir abschreiben. Das macht mir als Kind schon etwas aus.

Mi escuela es bonita, mucho me gusta, estudio allí desde mi primer grado, me siento cómodo, me gustan mis amiguitos y amiguitas y mis profesores, y todos. Me siento orgulloso, tenemos un lindo uniforme y una banda de guerra.

Yo considero que aprendizaje es algo bueno, pero en algunas oportunidades hemos analizado que hay maestros que sólo les interesa el pago de su mensualidad. No revisan las tareas que nosotros hacemos en casa, si la copiamos o no la copiamos. Por eso como niño me preocupo.

Die Kinder in San Carlos haben mit einigen Problemen zu kämpfen: Mit der Verantwortungslosigkeit der Eltern, die nicht dafür sorgen, dass die Kinder zur Schule gehen, sondern diese stattdessen als Verkäufer arbeiten schicken. Einige der Mädchen werden schlecht behandelt, einige auch missbraucht.

Es gibt Straßenkinder, die als Schuhputzer arbeiten, damit die Familie etwas zu essen hat. Sie laufen mit ihren Geschwisterchen auf der Straße umher und betteln um Essen.

Es ist meiner Meinung nach nicht gelungen, die Kinderarbeit ganz abzuschaffen, obwohl man das vorhatte. Die zuständigen staatlichen Institutionen konnten nichts tun.

Das ist so schade, denn es ist die Aufgabe von uns allen, so auch von der Schule, die ich besuche, und allen anderen, auf irgendeine Art und Weise ihren Teil beizutragen und ein Netzwerk zu gründen gegen die Kinderarbeit.

Ich fühle mich zu Hause sehr wohl, nur eine Sache macht mir Sorgen. Meine Mama, die mich aufgezogen hat, die eigentlich meine Großmutter ist. Sie sieht jeden Tag älter aus und ich bin doch noch so klein. Ich möchte, dass sie mich aufwachsen sieht, bis ich ein erwachsener Mann bin und ihr helfen kann.

Von meinen beiden Mamas wünsche ich mir, dass sie mich lieb haben, dass sie mir Verständnis entgegenbringen. Denn ich habe sie so gern, sie sind das Beste was ich habe. Und ich wünsche mir, dass meine Großmutter nicht krank wird, denn sie hat mich und meine Mama groß gezogen.

Ich bitte die Stadtverwaltung von San Carlos darum, dass sie sich um ein Gesetz bemüht, das dafür sorgt, dass alle verantwortungslosen Eltern hart bestraft werden, die ihre Kinder vernachlässigen und auf die Straße schicken.

Außerdem soll die Stadtverwaltung sich auch um die Kinder kümmern, die auf der Straße arbeiten, sie sollen sich ihrer annehmen und sie in ein Heim bringen, wo man sich um sie kümmert. Die Polizei soll auch langfristige Begleitprogramme für all die Jugendlichen organisieren, die Drogen, Alkohol und andere Rauschmittel nehmen.

Los problemas que afectan en San Carlos a los niños o niñas: Irresponsabilidad de los padres, no se preocupan por enviarlos a estudiar, sino al contrario, los mandan a vender y algunas son humilladas e incluso violadas.

Muchos niños en las calles, lustrando para darles de comer a sus padres, ellos caminan con sus hermanitos, pidiendo comida.

Lo que pienso del trabajo infantil, no se ha podido lograr su objetivo esperado, erradicarlo totalmente. Las autoridades competentes no han podido hacer nada.

Es una tristeza para nosotros, la escuela donde estudio y todos los centros debemos de participar y formar una gran red, en contra del trabajo infantil.

En mi casa todo me gusta, pero hay algo que no me gusta, que mi mamá que me crió, que prácticamente es mi abuela, cada día la miro más vieja y yo estoy pequeño y quiero que me mire siendo un hombre completo, para ayudarle.

Lo que les pido a mis dos mamás, que me quieran, que me perdonen como soy, porque yo las quiero y ellas son lo más lindo y a mi abuela, que no se me enferme, porque ella ha criado a mi mamá y a mí.

Yo les pido a las autoridades de San Carlos que hagan un gran esfuerzo, para que hagan una ley que castigue a todos los padres irresponsables, que dejan a los hijos botados, a la intemperie. Que los castiguen fuertemente.

También que las autoridades se hagan cargo de todos los niños que trabajan en las calles, que los agarren y los lleven a un centro y los preparen intelectualmente. Que la Policía tenga un seguimiento de todos los niños, jóvenes que consumen alcohol, droga y otros estupefacientes.

Das alles wäre ein großer Schritt in Richtung einer glücklichen Zukunft für meinen Ort, mein Stadtviertel, für die Region und das ganze Land.

Ich möchte den Kindern und Jugendlichen gerne sagen, dass unser Vater im Himmel uns alle beschützt. Also lasst uns ihm unser Leben und all unsere Freude widmen.

Bis bald.

Me siento orgulloso, tenemos un lindo
uniforme y una banda de guerra,
que próximamente voy a conformarla
con el bombón

Ich denke, dass die Eltern unverantwortlich und skrupellos sind.

Cacahuaxochitl (Wohlriechende Blume)
5. Klasse

Hallo Freunde

Ich möchte gerne etwas zu dem neuen Buch beitragen, das Sie veröffentlichen werden:

Ich wohne in einem sehr abgelegenen und ruhigen Viertel, also abseits des Trubels. Der Zustand meiner Straße hat sich verbessert, denn vorher war sie ein einziges Schlammloch und jetzt gibt es Gehsteige. Vorher war es nur ein Weg.

Es gibt etwas, was mir nicht gefällt, was ich an meinem Viertel hasse, das ist, dass sie den Abfall auf die Straße werfen.

Todo esto sería un gran paso y próspero porvenir de mi pueblo, de mi barrio, de mi departamento y de mi país.

Mi mensaje para los niños, niñas y jóvenes, es que somos los protegidos por nuestro Padre Celestial. Entonces nosotros le entregamos nuestra vida y felicidad a El.

Hasta Pronto.

Pienso que los padres son irresponsables y sin escrúpulos.

Cacahuaxochitl (Flor olorosa)
5to grado

Hola amiguito(a)

Me da gusto poder participar en el nuevo libro que ustedes van a elaborar.

Vivo en un barrio que es muy apartado y calmo, o sea, alejado de la bulla. El estado de mi calle ha mejorado, porque antes eran *lodazales* y ahora hay andenes, antes era solo camino.

Algo que no me gusta en el barrio es que tiren la basura en la calle.

Ich hätte gerne, dass die Anweisungen immer von den Schülern befolgt werden. Wenn ich groß bin, möchte ich gerne Betriebwirtschaft studieren. Es gefällt mir nicht, dass sich meine Mitschüler gegenseitig ärgern.

Wie könnte man den Unterricht an deiner Schule verbessern?
Ich bin der Meinung, dass es gut wäre, wenn meine Mitschüler ein bisschen besser aufpassen würden, denn das würde uns für die Zukunft helfen.

Sería bueno que los alumnos cumplan los órdenes. Cuando llegue a ser grande me gustaría estudiar una profesión de Licenciado en Administración de Empresas. En el colegio no me agrada que mis compañeros se peleen, eso me disgusta.

Como se podría mejorar el aprendizaje en tu escuela?
Yo opino que seria bueno si mis compañeros pusieran un poquito de atención, porque esto nos serviría en el futuro.

Las hermanas mayores asumen
el papel de la madre para
sus hermanos pequeños,
mientras que en este caso
la niña de trece años
es la madre verdadera

Die Hälfte der Kinder wird ausgenutzt, was man beim Bildungsministerium melden sollte. Genauso die Jugendlichen: 85 % nehmen Drogen oder prostituieren sich. Ich denke an Kinderarbeit, und meine, dass die Eltern unverantwortlich und skrupellos sind.

Was mir nicht gefällt, ist, dass sich die Familienmitglieder immer wegen irgendeinem Mangel streiten. Ich würde meine Eltern um ihre Liebe bitten und dass mir nie ihre Zuneigung fehlt.

La situación que se da es que el 50% de niños y niñas han sido afectados por la explotación. Eso debe ser denunciado por el Ministerio de Educación. Al igual los jóvenes, 85% anda en drogas y prostitución. Pienso en el trabajo infantil, pienso que los padres son irresponsables y sin escrúpulos.

Algo que no me gusta es que discutan entre familiares por alguna *carencia*. Yo les pediría a mis padres que me den el amor y que nunca me falte el cariño.

Die Behörden würde ich um mehr Sicherheit bitten und dass sie die Ausbeutung der Kinder und Jugendlichen beenden.

Yo les pediría a las autoridades que velen por la protección y que rompan esa explotación de niños(as) y adolescentes.

Ich habe eine Nachricht an die Kinder und Jugendlichen aus Nürnberg, und zwar, dass es schön ist zu wissen, dass ihr dieses Projekt macht. Ich würde euch gerne kennen lernen und Freundschaft schließen.

Tengo un mensaje para los adolescentes, jóvenes y niños(as) de Núremberg, que es un placer saber que ustedes están haciendo este proyecto. Me gustaría que un día vinieran para conocerlos y regalarles mi amistad.

Lodazales: schlammig.
Carencia: Defizit, Mangel.

Lodazales: lleno de lodo, barro.
Carencia: falta de algo, déficit.

Ich kenne einige Fälle von Gewalt, wo die Eltern ihre Kinder schlagen. Ich glaube, das passiert, weil die Eltern ebenfalls als Kinder von ihren Eltern geschlagen wurden.

Conozco algunos casos de violencia, que *los padres le dan* (golpean) a sus hijos. Yo pienso que eso ocurre porque a los padres del niño también los maltrataban sus padres.

Chalo (Gonzalo)
6. Klasse, Schule Juanita Vigil Sandino

Was mir an meiner Straße gefällt, ist, dass sie einigesmaßen sauber ist. Der Zustand meiner Straße hat sich sehr verbessert, denn wenn es früher regnete, hat sie sich in reinen Schlamm verwandelt, und jetzt ist es nicht mehr so, sie ist befestigt.

Was ich an meinem Viertel am meisten hasse, ist, dass manche sehr laut Musik hören, so laut, dass wir nicht schlafen können. Was mir an meiner Schule am meisten gefällt ist, dass die Lehrerinnen sehr verständnisvoll sind.

Wenn ich groß bin, möchte ich Firmenleiterin werden. Was mir nicht gefällt an meiner Schule, ist, dass die Klassenräume in einem schlechten Zustand sind. Ich würde darum bitten, dass man uns den Lehrstoff besser erklärt.

Hauptproblem der Stadt ist, dass die Kinder und Jugendlichen von San Carlos von klein auf arbeiten. Was sie am meisten betrifft, ist die Wirtschaftskrise, die Kinderarbeit sollte nicht so sein, die Erwachsenen sind zum Arbeiten da und die Kinder zum Lernen und um ein guter Mensch zu werden.

Chalo (Gonzalo)
6to grado, Escuela Juanita Vigil Sandino

Lo que más me gusta de mi calle es que está un poco limpia. El estado de mi calle ha mejorado mucho, porque antes cuando llovía, se hacía puro lodo y ahora ya no es así, está adoquinada.

Lo que más detesto de mi sector es que nos desvelan escuchando música muy alta que no deja dormir. Lo que más me gusta de mi escuela es que las profesoras son muy comprensivas.

En el futuro me gustaría ser una administradora de empresas. Lo que me disgusta de mi escuela es que las aulas están en malas condiciones. Pediría que en mi escuela nos expliquen bien las clases.

La situación es que los niños, niñas y jóvenes de San Carlos son los que trabajan desde niños. Lo que más les afecta es la crisis económica. El trabajo infantil no debería ser así, los adultos son para trabajar y los niños para estudiar y ser una persona de bien.

An meiner Familie gefällt mir alles. Meine Eltern würde ich bitten, mir eine bessere Ausbildung zu ermöglichen.

Ich kenne einige Fälle von Gewalt, wo die Eltern ihre Kinder schlagen. Ich glaube, das passiert, weil die Eltern ebenfalls als Kinder von ihren Eltern geschlagen wurden, und davon wollen sie sich *befreien* und geben es weiter.

Ich habe auch einiges über die Menschenrechte gehört und gelernt. Ich würde die Polizei bitten, dass sie im Ort mehr aufpassen.

Den Kindern und Jugendlichen aus Nürnberg möchte ich gerne sagen, dass sie nicht anfangen sollen Drogen zu nehmen und die Ratschläge ihrer Eltern befolgen sollen, damit sie gute Menschen werden.

Desquitarse: Im übertragenen Sinne etwas loswerden, sich rächen, sich aussprechen / abreagieren.

En mi familia todo me gusta, yo a mis padres les pediría que me dieran más educación de la que tengo.

Conozco algunos casos de violencia, que *los padres le dan* (golpean) a sus hijos. Yo pienso que eso ocurre porque a los padres del niño también los maltrataban sus padres por eso quieren *desquitarse* con sus hijos.

También he estudiado y escuchado algunas cosas de derechos humanos. Yo lo que le pediría a la policía es por favor que velen más por el municipio.

A los niños, niñas y jóvenes de Núremberg les diría que no se metan en drogas y que sigan los consejos de sus padres para que sean una persona de bien.

Desquitarse: En sentido figurado quitarse algo de encima, vengarse o desahogarse.

Dos niños agotados se permiten un descanso

Mama sagt, man muss lernen, mit den anderen zu teilen, um ein guter Mitbürger zu sein.

Chago (Santiago)
8 Jahre, 5. Klasse, Schule Heiliges Herz Jesu

Hallo, ich lebe in San Carlos. Ich wohne in einem Viertel, in dem die Straßen noch in sehr schlechtem Zustand sind, aber ich habe die Hoffnung, dass auch sie eines Tages instand gesetzt werden mit der Hilfe unserer Bürgermeisterin, denn sie arbeitet viel für San Carlos.

Ich würde gerne Medizin studieren, um als Arzt Kinder auf dem Land und in der Stadt zu heilen. Denn in der Stadt gibt es viel Armut, und Kinder wie ich, die arbeiten müssen. Ich denke, dass Kinderarbeit nicht existieren sollte, denn die einzige Arbeit der Kinder ist, dass sie lernen sollen.

Ich danke meinen Eltern, dass sie mich nicht zum Arbeiten schikken, und dass sie mich zur Schule gehen lassen und mich sehr lieb haben, denn wir sind eine eng verbundene Familie. Mama sagt, man muss lernen, mit den anderen zu teilen, um ein guter Mitbürger zu sein.

Mamá dice que hay que aprender a compartir con los demás para ser un buen ciudadano.

Chago (Santiago)
8 años, 5to grado, Sagrado Corazón de Jesús

Hola, yo vivo en la ciudad de San Carlos. Habito en un barrio que se encuentra con las calles en muy mal estado, aunque tengo fe que algún día las compondrán con nuestra alcaldesa, porque ella está trabajando por San Carlos.

Me gustaría estudiar para ser doctor, para curar niños en las montañas y en la ciudad, porque en la ciudad hay mucha pobreza y muchos niños como yo que trabajan. Pienso que el trabajo infantil no debería existir, porque el único trabajo de los niños es estudiar y aprender.

Doy gracias a mis padres que no me mandan a trabajar y que me dan estudio y cariño porque somos una familia unida. Mamá dice que hay que aprender a compartir con los demás para ser un buen ciudadano.

Un jugador del Deportivo Núremberg en el campo de fútbol de San Carlos

Ich bitte die Behörden darum, dass sie einen Spielplatz einrichten, damit wir uns erholen können. Und dass sie etwas für unseren Fluss San Juan tun, damit er nicht weiter verschmutzt wird, denn Papa sagt, dass dort die Abwässer eingeleitet werden. Ich möchte, dass der Fluss schön und sauber wird. Ich lade euch ein, dass ihr kommt und ihn kennen lernt; der Nicaraguasee ist auch sehr schön.

PS: Papa sagt, wenn die Partei Frente Sandinista de Liberación Nacional die Wahlen gewinnt, gewinnen alle, und es wird alles besser, weil es eine Partei für die Armen ist. (Die FSLN hat die Wahlen 2006 wirklich gewonnen.)

Ich verabschiede mich von euch Brüdern und Schwestern in Nürnberg

mit freundlichen Grüßen

Les pido a las autoridades que construyan un parque para los niños, para recrearnos, y que hagan algo para que nuestro Río San Juan no se siga contaminando, porque dice papá que le caen las aguas negras. Yo quiero que el río siga limpio y lindo. Los invito que vengan a conocerlos y el lago de Nicaragua es muy bello.

Posdata: Papá dice que si en las elecciones gana el Frente Sandinista de Liberación Nacional, ganan todos, va a cambiar también para bien porque es un partido para los pobres. (El FSLN ganó las elecciones del 2006.)

Me despido de ustedes hermanos de Núremberg

Atentamente

Ich finde, es müssten strenge Maßnahmen gegen diesen Missbrauch getroffen werden.

Chema (Joseph María)
6. Klasse, Schule Juanita Vigil Sandino

Was mir am meisten in meinem Viertel gefällt, sind unsere Nachbarn. Die Straße ist jetzt viel besser als früher. Was ich an meinem Viertel nicht mag, ist ein Nachbar, der seine Musikanlage ganz aufdreht.

In der Schule mag ich am liebsten Mathematik und außerdem unsere Lehrerin. Später würde ich einmal gerne Computerfachmann sein, denn ich würde gerne unterrichten und mehr über Computer wissen. Was ich an meiner Schule nicht mag, ist die schwierige Situation mit den Büchern und das schränkt den Unterricht der Schüler sehr ein. Man könnte den Unterricht verbessern, indem die Bürgermeisterin dieser Schule einige Bücher spenden würde.

Was mir bei meinem Haus nicht gefällt, ist, dass es wenige Bäume gibt. Ich hätte gerne, dass meine Eltern mehr Bäume pflanzen.

Die Jungen und Mädchen in San Carlos gehen aus wirtschaftlichen Gründen, die wir in San Carlos haben, arbeiten. Die Kinderarbeit ist etwas, was man in San Carlos am meisten wegen Geldmangel sieht, und ich kenne viele Kinder, die es tun.

Ich kenne auch einige Fälle von Gewalt gegen Kinder. Ich finde, es müssten strenge Maßnahmen gegen diesen Missbrauch getroffen werden.

Ich habe in der Schule und zu Hause viel über Menschenrechte gelernt. Ich würde die Behörden von San Carlos bitten, jene, die Verbrechen begehen, gefangen zu nehmen.

Ich möchte den Kindern und Jugendlichen gerne mitteilen, dass ihre wahren Freunde ihr Vater und ihre Mutter und sonst niemand sind.

Yo pienso que deberían de tomar medidas estrictas sobre estas personas abusadoras.

Chema (José María)
6to grado, Escuela Juanita Vigil Sandino

Lo que más me gusta de mi barrio son los vecinos con los que convivo. La calle ha mejorado mucho a cómo estaba antes. Lo que no me gusta de mi barrio es un vecino que pone su equipo de sonido a todo volumen.

Lo que más me gusta de mi estudio es la clase de matemáticas y además la profesora que nos da clases. En el futuro me gustaría ser técnico en computación porque me gustaría estar dando clases y saber más sobre las computadoras. Lo que no me gusta de mi escuela es la crisis de libros y eso limita el aprendizaje de los alumnos. Se podría mejorar el aprendizaje si la alcaldesa donara algunos libros a esta escuela.

Lo que no me gusta de mi casa son los pocos árboles que hay. Yo les pediría a mis padres que sembraran más árboles.

Los niños y niñas de San Carlos caminan trabajando por las causas económicas que existen en San Carlos. El trabajo infantil es una de las cosas que más se ven en San Carlos por la falta de dinero que hay y conozco muchos niños que trabajan.

También conozco algunos casos de violencia infantil. Yo pienso que deberían de tomar medidas estrictas sobre estas personas abusadoras.

He aprendido mucho sobre los derechos humanos en la escuela y en el hogar. Yo les pediría a las autoridades de San Carlos que apresen a las personas que cometen crímenes.

Les quiero decir a los niños y jóvenes que sus verdaderos amigos son su padre y su madre y nadie más.

¡Yo pienso que el trabajo infantil debe acabarse!

Die Behörden würde ich um mehr Sicherheit in San Carlos bitten und darum, dass sie eine Sporthalle für die Drogenabhängigen errichten

Chenta (Vicenta)
11 Jahre alt, 4. Klasse Grundschule

Was mir an meinem Viertel am meisten gefällt, ist, dass wir alle nett sind und uns gegenseitig helfen. Der Zustand meiner Straße hat sich ein wenig verbessert. Ich mag es nicht, dass die Leute den Abfall nicht richtig entsorgen.

Am meisten gefällt mir an meiner Schule, dass alle Lehrer gut sind. Und der Pausenhof gefällt mir auch, der ist sehr schön.

Was meine berufliche Zukunft betrifft, habe ich schon darüber nachgedacht. Um meine Träume wahr werden zu lassen, muss ich viel lernen. Ich mag es nicht, dass meine Mitschüler viel streiten und vulgär sind. Ich glaube, dass man mit Hilfe unserer Eltern die Ausbildung verbessern könnte.

Die Situation der Kinder in San Carlos ist so, dass viele Kinder wegen der Arbeit nicht in die Schule gehen. Auch einige Jugendliche arbeiten und haben keine Zeit für die Schule. Ihre Probleme sind

A las autoridades les pediría que hubiera más seguridad en San Carlos y que construyeran canchas para los drogadictos

Chenta (Vicenta)
11 años, 4to grado de primaria

Lo que más me gusta de mi barrio es que todos somos amables, nos ayudamos mutuamente. El estado de la calle ha mejorado un poquito. No me gusta que la gente sea un poco desordenada con la basura.

Lo que mas me gusta de mi escuela es que todos los profesores son buenos. También me gusta el área de recreo que es muy bonito.

En cuanto a mi futura profesión yo si he pensado, para hacer realidad mis sueños debo estudiar mucho. Lo que no me agrada es que mis compañeros de clases son pleitistas y vulgares. Yo creo que con la ayuda de nuestros padres se podría mejorar el aprendizaje.

La situación de los niños en San Carlos es que muchos niños por trabajar no estudian, algunos jóvenes también trabajan y no tienen tiempo de estudiar. Los problemas que les afectan

die Diskriminierung, weil sie weder lesen noch schreiben können. Ich kenne einige Kinder, die arbeiten. Ich denke, dass Kinderarbeit eine große Bürde für sie ist.

son la discriminación por no saber ni leer, tampoco escribir. Conozco varios niños trabajadores. Pienso que el trabajo infantil es una pesadez (una carga) para los niños.

Ich mag es nicht, dass meinen Eltern meine Noten egal sind. Ich hätte von ihnen gerne Kleidung zum Wechseln, einen Rucksack, Hefte, Puppen und viel Märchenbücher.

Lo que no me gusta es que a mis padres no les importen mis notas. A ellos les pediría una mudada (ropa nueva), una mochila, cuadernos, muñecas y muchos libros de cuentos.

Escolares de Los Chiles, una comunidad de San Carlos

Ich kenne keine Fälle von Gewalt in der Familie, aber ich denke, dass sie vielleicht aufgrund von mangelnder Fürsorge oder familieninternen Problemen geschieht.

No conozco casos de violencia familiar pero pienso que tal vez ocurre por falta de cuidados o problemas íntimos en la familia.

Ich habe gelernt, dass wir alle gleich sind und die gleichen Rechte und Pflichten haben.

Yo he aprendido que todos somos iguales y tenemos derechos y deberes por igual.

Die Behörden würde ich um mehr Sicherheit in San Carlos bitten und darum, dass sie eine Sporthalle für die Drogenabhängigen errichten, etc.

A las autoridades les pediría que hubiera más seguridad en San Carlos y que construyeran canchas para los drogadictos, etc.

Meine Nachricht an die Kinder aus Nürnberg ist, dass sie Ja zur Ausbildung und Nein zu Drogen sagen.

Mi mensaje para los niños de Núremberg es que digan sí a la educación y no a las drogas.

Gewalt innerhalb der Familie geschieht aufgrund ihres Zerfalls und weil die Mutter die Verantwortung für ihre vielen vaterlosen Kinder hat.

Chepe (Joseph)
3. Klasse, Grundschule Heilige Herz Jesus

Hallo, wie geht's?
Was mir an meinem Viertel am meisten gefällt, ist, die Straßen in besserem Zustand zu sehen, da sie schon gepflastert worden sind. Und der Busbahnhof ist jetzt auch schöner.

An meiner Schule mag ich am liebsten, dass ich dort hingehe, um neue Sachen zu lernen, und dass man dort spielen darf. Ich gehe zur Schule, weil ich einmal ein Informatiker werden möchte.

Der Unterricht an der Schule könnte verbessert werden, indem man die Lehrer besser ausbildet.

Die Situation der Kinder und Jugendlichen in San Carlos sieht so aus, dass sie sich nirgends auf gesunde Art und Weise vergnügen können und deshalb trinken sie Schnaps.

Die Kinderarbeit ist eines der Probleme der Kinder, ich kenne nämlich viele Kinder, die Schuhe putzen, die ihren Eltern von klein auf beim Ackerbau helfen, und andere Kinder, die Tortillas verkaufen.

Gewalt innerhalb der Familie geschieht aufgrund ihres Zerfalls und weil die Mutter die Verantwortung für ihre vielen vaterlosen Kinder hat. Die älteren Kinder bleiben alleine zu Hause, um auf die Kleinsten aufzupassen, weil die Mutter ja zur Arbeit gehen muss.

Ich habe schon mal etwas von den Menschenrechten gehört, in denen steht, dass wir alle die gleichen Rechte haben.

Ich würde die Behörden von San Carlos darum bitten, sich mehr um die Kinder zu kümmern, Freizeitzentren einzurichten und den Sport an Schulen zu fördern.

La violencia en la familia ocurre por su desintegración, ya que la madre queda a cargo de muchos hijos sin su padre.

Chepe (José)
3er grado, Colegio Sagrado Corazón de Jesús

Hola como estás?
Lo que más me gusta de mi barrio es ver las calles en mejor estado, ya que las han pavimentado y la terminal de buses que ahora está más linda.

Lo que más me gusta de la escuela es ir a aprender cosas nuevas y que hay libertad para jugar. Estoy estudiando porque en el futuro me gustaría ser un profesional en ingeniería de sistemas.

El aprendizaje en la escuela se podría mejorar capacitando más a los profesores para que nos den una mejor educación.

La situación de los niños y jóvenes en San Carlos es que no hay lugares donde ir a divertirse sanamente, por eso es que toman licor.

El trabajo infantil es uno de los problemas de los niños, ya que conozco muchos niños que lustran zapatos, que desde pequeños les ayudan a sus padres a cultivar la tierra y otros niños que venden tortillas.

La violencia en la familia ocurre por su desintegración, ya que la madre queda a cargo de muchos hijos sin su padre. Los niños mayores quedan solos en las casas cuidando a los más pequeños, porque la madre tiene que salir a trabajar.

He escuchado hablar sobre los derechos humanos en donde todos debemos tener los mismos derechos por igual.

Les pediría a las autoridades de San Carlos que se preocupen más por la niñez, que crearan centros recreativos y promovieran más el deporte involucrando a los colegios.

Ich möchte den Nürnberger Kindern sagen, dass sie immer lernen sollen, damit sie gute Menschen werden und ihrer Stadt und dem Land helfen können.

Danke, dass ihr diesen Brief gelesen habt. Adiós und vielen Dank.

A los niños de Núremberg les digo que sigan estudiando para que sean buenas personas y puedan ayudar a su ciudad y al país.

Gracias por haber leído esta carta. Adiós y muchas gracias.

Manchmal müssen Kinder und Jugendliche aus San Carlos schlimme Sachen machen, die sie nicht machen wollen.

Chicoche (Franz Joseph)
6. Klasse, Schule Juanita Vigil Sandino

In meinem Viertel mag ich die Freundschaften.
Meine Straße hat sich nicht verbessert. Es gibt immer Löcher, die sich mit Wasser füllen, wenn es regnet, und was ich auch nicht mag, sind der viele herumliegende Müll und die vielen Moskitos.

In der Schule habe ich gerne gute Noten. Später möchte ich Ärztin werden. Was mir nicht gefällt, sind die Streitereien in der Schule. Das könnte besser werden, wenn die Kinder mehr lernen würden.

Manchmal müssen Kinder und Jugendliche aus San Carlos schlimme Sachen machen, die sie nicht machen wollen. Manche schikken sie zum Stehlen, andere zum Verkaufen und so ist das Leben dieser Kinder. Gut, das Hauptproblem ist die finanzielle Lage der Eltern.

Über die Kinderarbeit denke ich, dass Kinder nicht arbeiten gehen sollten, weil ihnen etwas zustoßen könnte. Ich kenne niemanden, der arbeitet.

Bei mir zu Hause gefällt mir, dass ich Sachen machen muss, wie z.B. die Betten oder kleine Erledigungen machen etc. Meine Eltern würde ich um ein Handy bitten, um damit spielen und herumlaufen zu können.

In meiner Familie gibt es keine Gewalt zwischen den Kindern meiner Verwandten. Ich weiß nicht, warum es Gewalt in der Familie gibt.

A los niños y niñas y jóvenes de San Carlos, algunos los mandan a hacer cosas malas que ellos no quieren.

Chicoche (Francisco José)
6to grado, Escuela Juanita Vigil Sandino

Lo que me gusta de mi barrio son las amistades.
Mi calle no ha mejorado. Siempre está con hoyos que se llenan de agua cuando llueve y lo que también me molesta es que siempre hay basura regada y muchos zancudos.

Me gusta de mis estudios sacar buenas notas. Bueno si he pensado ser en el futuro una doctora. Lo que no me agrada son las peleas que mucho se dan en la escuela.

A los niños y niñas y jóvenes de San Carlos, algunos los mandan a hacer cosas malas que ellos no quieren. A algunos los mandan a robar, a otros a vender y así es la vida de estos niños. Bueno, el principal problema es la economía de los padres.

Yo pienso acerca del trabajo infantil que ellos no tienen que andar trabajando porque puede sucederles algo. Yo no conozco a nadie que trabaje.

Lo que me gusta de mi casa es que me mandan a hacer cosas como mandados, arreglar las camas, etc. Lo que yo les pediría a mis padres es un celular para andar jugando.

En mi familia no hay casos de violencia entre los hijos de mis familiares. No sé por que motivo ocurre la violencia en la familia.

Die Behörden und das Rathaus von San Carlos würde ich bitten, die Straße, in der ich lebe, zu pflastern, weil sie sehr hässlich ist. Und dass es weniger Gewalt gibt.

Die Kinder und Jugendlichen aus Nürnberg bitte ich, auf sich aufzupassen und dass sie nicht aufhören zu lernen, damit sie es zu etwas bringen im Leben, und dass sie nicht anfangen Drogen zu nehmen.

Yo les pediría a las autoridades de San Carlos, como a la Alcaldía, que construyan la calle donde yo vivo, porque está muy fea. Y que no haya mucha violencia.

A los niños y jóvenes de Núremberg les pido que se cuiden y que no dejen sus estudios, para que sean algo en la vida, y que no se metan en las drogas.

El trabajo infantil
ya empieza
a temprana edad

Ich denke, dass Kinderarbeit ein Missbrauch ist.

Chinto (Jacinto)
6. Klasse

Hallo Kinder aus Nürnberg.
Mein Viertel liegt ein bisschen abseits der anderen Viertel. Meine Straße hat sich ein bisschen verbessert. Die vom Rathaus hatten nicht weitergearbeitet, aber jetzt scheint mir, sie haben sie fertig gestellt. Ich mag es nicht, dass die Straßen in manchen Vierteln in schlechtem Zustand sind.

Pienso que el trabajo infantil es un abuso.

Chinto (Jacinto)
6to grado

Hola niños y niñas de Núremberg.
Vivo en un en barrio que está apartado de los demás barrios. Mi calle ha mejorado un poco, porque los de la Alcaldía no siguieron trabajando, pero ahora parece que ya la terminaron. Detesto que en algunos barrios las calles están en malas condiciones.

Es gefällt mir, dass meine Lehrerin sehr gut zu uns Schülern ist, sie gibt uns Chancen. Mir gefällt nicht, dass die Wände in einem schlechten Zustand sind, keine ist neu gestrichen, sondern immer noch mit der Farbe, die sie früher hatten, die Toiletten sind hässlich, etc. Die Behörden würde ich bitten, die öffentlichen Schulen herzurichten.

Einige Kinder verkaufen Tortillas, Gemüse, Limonen und Brot auf der Straße und putzen Schuhe. Ich denke, dass Kinderarbeit ein Missbrauch ist. Es ist nicht gerecht, dass so junge Kinder schon arbeiten müssen. Ich kenne einige Kinder, die arbeiten.

In meinem Haus gibt es nichts, was mir nicht gefällt. Ich würde meine Eltern nicht um Geld bitten, sondern darum, dass sie nicht nur meinem älteren Bruder Liebe schenken, sondern auch mir Kleidung kaufen.

Me gusta que mi profesora es muy buena con nosotros los estudiantes, nos da oportunidades. Lo que no me agrada de la escuela es que las paredes están en mal estado. Todas las paredes están sin nueva pintura, sólo con la pintura que tenían antes, los baños están feos, etc. A las autoridades les pediría que compongan las escuelas públicas.

Varios niños andan por la calle vendiendo tortilla, verdura, limones y pan, lustrando zapatos. Pienso que el trabajo infantil es un abuso. Que los niños tan pequeños trabajen no es justo. Conozco varios niños que trabajan.

En mi casa no hay nada que yo rechace. A mis padres no les pediría rial (real), les pediría que tengan corazón no solo para mi hermano mayor, que a mí también me compren ropa.

Niños de las calles tienen la esperanza de poder jugar con otros niños

Ich kenne keine Fälle von Gewalt an Kindern. Aber ich stelle mir vor, dass das passiert, wenn eine Tochter gerne ausgehen möchte und der Papa das nicht will, die Mama aber einverstanden ist. Dass sie dann streiten und streiten, und deswegen gibt es Gewalt an Kindern.

Meine Mitteilung an die Kinder aus Nürnberg ist, dass sie auf sich aufpassen, ihr Leben genießen und so wunderbar leben, wie ich immer leben wollte, aber Gott wollte, dass ich hier in San Carlos, Río San Juan, bin.

Danke, dass ihr so nett zu den Kindern in San Carlos seid. Ich mag Sport wie z.B. Fußball, aber ich habe einen Zeh, der mich plagt, und deswegen spiele ich nicht. So wohne ich in meiner Gemeinde. Tschüss.

Wir leben heute mit vielen Morden, die man täglich mitbekommt, und mit Abtreibungen...

Cihuapillahtocatzintli (Königin)
15 Jahre, Sekundarschule Cristo Rey

Liebe Freunde aus Nürnberg, ich hoffe es geht euch und eurer Familie und euren Freunden gut. Nach dieser kurzen Begrüßung freut es mich sehr, Briefe mit euch auszutauschen, deshalb werde ich diesen ersten Schritt machen.

Auf eine der Fragen antworte ich klar und eindeutig, was ich denke und was ich für das beste halte.

Kannst du die Situation der Mädchen und Jungen aus San Carlos beschreiben? Was sind ihre größten Probleme?

Ich kann sie vor allem mit fehlenden Bildungsmöglichkeiten beschreiben, wir brauchen bessere Chancen auf höhere Bildung und die Unterstützung mit Stipendien und wenn es im Ausland ist, weil die Mehrheit wenig Geld für Bildung hat ohne irgendeine Unterstützung von der Regierung, und deswegen können wir unsere Berufsziele nicht erreichen.

Deshalb brauchen wir die Unterstützung sowohl von der Regierung als auch von Organisationen, die uns diese Chancen geben,

No conozco casos de violencia contra las hijas o hijos. Pero yo me imagino que ocurre porque digamos que a una hija le gusta salir de noche y a su papá no le agrada y la mamá está de acuerdo y entonces se pelean y pelean y por eso pasa la violencia contra hijos o hijas.

Mi mensaje para los niños de Núremberg es que se cuiden, disfruten de su vida viviendo como yo siempre quise vivir, a lo grande, pero Dios me puso aquí en San Carlos Río San Juan.

Gracias por ser tan agradables con los niños de San Carlos. A mí me gusta el deporte como el fútbol, pero tengo un dedo del pie fregado, por eso no juego. Esto es como yo vivo en mi comunidad. Adiós.

Ahora estamos viviendo con muchos homicidios que se ven a diario y es el aborto...

Cihuapillahtocatzintli (Reina)
15 años, Colegio Cristo Rey

Queridos amigos de Núremberg, espero que se encuentren muy bien de salud al lado de los que les rodean, familiares o amigos en general. Después de este corto saludo es un placer compartir cartas con ustedes, por eso daré este primer paso.

Con respecto a una de las preguntas, respondo con claridad y concordancia de lo que pienso y creo que es lo mejor.

Puedes describir la situación de los niños y niñas de San Carlos? ¿Cuáles son los principales problemas que les afectan?

Puedo describirlo principalmente con la falta de estudio, ya que necesitamos mayor oportunidad para la educación superior, apoyándonos con becas ya sea en el extranjero porque la mayoría es de escasos recursos económicos, sin ningún apoyo por parte del gobierno y por eso no llegamos a cumplir metas como profesionales.

Por eso necesitamos el apoyo tanto del gobierno y organizaciones que nos ayuden con este tipo de oportunidades, ya que estamos

weil wir uns gerade in einer sehr schweren und schädlichen Situation zwischen uns, den Kindern oder den Erwachsenen von San Carlos befinden.

Die größten Probleme sind folgende: Alkohol, Zigaretten, Marihuana, etc., was große Laster sind. Und wenn einer erst einmal angefangen hat, ist es schwierig, wieder damit aufzuhören. Einige machen es zum Vergnügen und andere, weil sie sich dann erwachsen fühlen, wenn sie ihr Leben riskieren und das der anderen.

Eine andere wichtige Sache ist die wirtschaftliche Situation heutzutage. Außerdem ist es notwendig, die Häuser zu verbessern.

Ich möchte noch eine andere Sache ansprechen: eine meiner Sorgen oder eine der Fragen, die wir Kinder uns stellen: Warum wird nicht verhütet?

Wir leben heute mit vielen Morden, die man täglich mitbekommt, und mit Abtreibungen; obwohl jeder weiß, dass es ein Verbrechen ist, machen sie weiter, und wenn sie jetzt nicht damit aufhören, wird es zu spät sein.

pasando una situación muy dura y defectuosa entre nosotros los niños(as) o adolescentes de San Carlos.

Los principales problema son los siguientes: El alcohol, el cigarro, la marihuana, etc. que son cosas muy viciosas: Y cuando uno comienza es muy difícil terminar. Algunos lo hacen por diversión y otros porque se creen grandes, ya que están poniendo en riesgo sus vidas y la de los demás.

Otra cosa muy importante es la crítica situación económica que estamos pasando en estos momentos. Además hay necesidad de mejorar las viviendas.

Dejando atrás lo hablado comienzo con una de mis preocupaciones o preguntas que nos hacemos nosotros los jóvenes y es: ¿Por qué no se protegen?

Ahora estamos viviendo con muchos homicidios que se ven a diario y es el aborto ya que sabemos que es un delito lo siguen haciendo y si no paran esto ahora, después va a ser imposible.

¡Muchas veces los niños tienen que mendigar a fin de recibir algo para beber o comer!

Eine andere Sorge ist HIV, Aids, ok, das gibt es auf der ganzen Welt, es sterben einige daran.

Eine andere Frage: Warum töten sie? Das ist eine gute Frage, wenn sie schon drin stecken, dass sie sich wenigstens schützen, wenn es nötig ist, und wir sollten nicht solche Fehler begehen, weil nicht wir unser Leben bestimmen, sondern Gott.

Und die allergrößten Probleme für Jugendliche sind folgende:

Wenig Chancen auf dem Arbeitsmarkt, ein Bereich, den wir weiterentwickeln wollen.

Wir brauchen mehr Unterstützung im Bereich Bildung, Kultur und Sport, weil wir nicht viele Sponsoren für den Sport und vor allem für das Studium haben.

Viele Jugendliche rutschen in ein lasterhaftes und zügelloses Leben ab, weil sie nicht viele Möglichkeiten haben.

Wenig Interesse am Lernen, einige aus wirtschaftlichen Gründen, andere weil sie auf die schiefe Bahn geraten.

Otro es el VIH, Sida, bueno eso se vive en todo el mundo, algunas muertes ocurren por eso.

Otra pregunta: ¿Por qué se matan? Esta es una buena pregunta ya que se meten en eso, tan siquiera protéjanse si es necesario y no debemos de cometer errores como esos, porque nosotros no mandamos nuestra vida, sino Dios.

Los principales problemas para los jóvenes son los siguientes:

Poca oportunidad de empleo en el campo que nos queremos desarrollar.

Necesitamos más apoyo en el campo de la educación, cultura y deporte, ya que no tenemos muchos patrocinios para el deporte y principalmente el estudio.

Al no tener mucha oportunidad, algunos jóvenes nos perdemos en el vicio y el libertinaje.

Poco interés en el estudio, algunos por problemas económicos y otros por andar en malos pasos.

¡Tenemos el derecho a jugar!

Die Behörden stellen keine Regeln auf, durch die den Jugendlichen unter 18 Jahren verboten wird, Alkohol zu trinken oder andere Dinge zu tun, die dem Körper schaden. Dass sie Mitglieder in Banden sind und Leute ausrauben.

Nachdem ich geschrieben habe, was ich denke, möchte ich mit euch reden, Briefe schreiben oder im Internet chatten.

Ich hoffe, dass ich euch eines Tages treffen kann. Zum Schluss bleibt mir noch, mich mit einem Kuss und einer Umarmung zu verabschieden und zu hoffen, dass euch mein Bericht und meine Meinung gefallen haben. Ich hoffe, dass ihr uns unterstützt, uns würde es sehr helfen, bye.

Las autoridades no ponen exigencias en que los jóvenes menores de 18 años no puedan consumir alcohol y otras actividades que nos afectan a nuestro organismo. Andar en pandillas y robarle a la gente.

Después de escribir todo lo que yo pienso, quisiera hablar con ustedes, compartir cartas o chatear por Internet.

Espero algún día encontrarme con ustedes.
Bueno, sin más que agregarle, me despido con un beso y un abrazo y espero que les haya gustado mi interpretación y opinión. Espero que nos apoyen, nos servirá demasiado, bye.

Das einzige, worum ich die Behörden bitten würde, ist, dass sie die Frauen beschützen und dass sie mehr Interesse gegenüber jeder Art von Gewalt zeigen.

Cihuanenetl (Puppe)
15 Jahre, 4. Klasse, Schule Cristo Rey

Liebe Freunde aus Nürnberg,

es bereitet mir große Freude, am Schreibprojekt teilzunehmen, wo ich lerne, das wiederzugeben, was ich denke und wo ich helfen kann, einige der Fragen, die ihr für euer Projekt entworfen habt, zu beantworten.

Mein Viertel gefällt mir sehr gut, weil es fröhlich ist; wir haben im Zusammenleben alle irgendetwas miteinander zu tun. Mein Viertel und meine Straße sind gewaltig verbessert worden, und das hat viel zur Verschönerung beigetragen.

Etwas, das mir an meinem Viertel nicht gefällt, ist, dass es manchmal sehr schmutzig ist; wie sehr wir auch sauber machen, es ist fast immer das Gleiche.

Ich habe schon immer überlegt, was ich werden möchte; ich will einmal eine wichtige Ärztin werden, um armen Menschen, wie ich es bin, zu helfen und um weiterhin neue Arbeitsweisen oder Ziele anzupacken und noch mehr zu erreichen.

Lo único que le pediría a las autoridades es que protejan a las mujeres, que se encajen más en lo que va con todo tipo de violencia.

Cihuanenetl (Muñeca)
15 años, 4to de secundaria, Colegio Cristo Rey

Estimados amigos de Núremberg,

me complace mucho estar participando en este Festival de Escritura, donde aprendo a expresar lo que pienso y ayudar a contestar algunas de las preguntas planteadas en su proyecto.

Mi barrio me gusta mucho porque es muy alegre, todos convivimos juntos en alguna actividad. El mejoramiento de mi barrio y calle ha sido de mucho progreso y ha ayudado mucho a su embellecimiento.

Algo que no me gusta de mi barrio es que a veces es muy sucio por más que limpiemos, casi siempre es lo mismo.

Siempre he pensado en lo que quiero ser en el futuro, llegar a ser una gran doctora para ayudar a personas pobres como yo y seguirme proyectando con nuevas formas o metas para llegar a hacer algo más.

An meiner Schule gefällt mir fast gar nichts, weil vieles nass wird. Das Niveau oder die Bildung sind etwas mittelmäßig, nichts besonderes, es geht so; das einzige, was man machen kann, ist, die Lehrkräfte auszutauschen.

Die Situation der Jungen und Mädchen in meinem Dorf ist sehr traurig, weil bei ihren Hauptproblemen die Armut immer eine Rolle spielt. Sie gehen nicht mehr in die Schule, sondern verkaufen und arbeiten. Sehr oft kommt es sogar zu sexueller Ausbeutung. Das ist alles die Schuld der Regierung, die nicht weiß, wie sie das verbessern sollte.

Ich finde, dass Kinderarbeit etwas sehr schlechtes ist, weil die Kinder ausgebeutet werden; außerdem haben nicht sie die Schuld, dass ihre Eltern sie nicht durchbringen können oder sie arbeiten schicken. Erst müssen diese sich darüber Gedanken machen, ob sie dazu fähig sind, jenes Kind versorgen zu können, um es nicht dem Leid in der Welt auszusetzen.

Was mein Haus oder meine Familie betrifft, gefällt mir alles. Es findet eine gute Kommunikation statt, Respekt, Einigkeit; es ist eine Vorzeigefamilie. Wir wissen, wie man sich benimmt. Ich mag meine Familie. Ich würde meine Eltern um ein Fahrrad bitten, sonst nichts, weil ich alles andere habe.

De mi colegio no me agrada casi nada porque mucho se moja. El nivel académico o la educación es algo regular, no es la gran cosa pero ya va, lo único que se puede hacer es cambiar el personal de educadores.

La situación de los niños o niñas de mi pueblo conforme a su situación es muy triste, porque en sus principales problemas siempre influye la pobreza. Dejan de estudiar por vender y trabajar. Hasta muchas veces hay explotación sexual. Todo esto por culpa del gobierno que no sabe mejorar esto.

Opino que el trabajo infantil es algo muy malo porque explotan a los niños. Además ellos no tienen culpa de que sus padres no los puedan mantener o los manden a trabajar. Primero deben ponerse a pensar si son capaces de mantener aquel niño, para no traerlo a sufrir al mundo.

En lo que va respecto a mi casa o familia me gusta todo. Hay buena comunicación, respeto, unidad; es una familia ejemplar. Sabemos llevarnos bien. Me agrada mi familia. Algo que pediría a mis padres sería una bicicleta, nada más porque lo demás lo tengo.

Ich kenne einige Fälle von Gewalt in meiner Familie und auch woanders. Einer Kusine ist das passiert, weil ihre Mama mit einem Stiefvater lebt und die Mama ihm alles glaubt und nicht glaubt, was meine Kusine sagt.

Ich habe viel von den Menschenrechten gehört und auch gelernt, sie in die Praxis umzusetzen.

Das einzige, worum ich die Behörden bitten würde, ist, dass sie die Frauen beschützen und dass sie mehr Interesse gegenüber jeder Art von Gewalt zeigen.

Ich möchte den Kindern von Nürnberg sagen, dass sie ein schönes Leben führen und wenn sie eine wundervolle Zukunft haben wollen, sie diese nicht aufs Spiel setzen sollen! Denn Träume sind das, was uns hilft zu fliegen und es gibt keinen besseren Traum als den, den du wahr machen kannst.

Ich verabschiede mich von euch mit herzlichen Grüßen und hoffe, die Verbindung zu euch zu halten. Ich wünsche es mir sehr.

Saludes: In Zentralamerika gebräuchlich für „Grüße". In anderen Regionen des amerikanischen Kontinets wird „saludos" verwendet.

Conozco algunos casos de violencia en mi familia y fuera. Con una prima ocurre porque la mama de ella vive con un padrastro y la mama le cree todo al hombre y no toma en cuenta nada de lo de ella.

He escuchado mucho de los derechos humanos y también he aprendido a ponerlos en práctica.

Lo único que les pediría a las autoridades es que protejan a las mujeres, que se encajen más en lo que va con todo tipo de violencia.

Deseo decirles a los niños de Núremberg que si ellos llevan una vida linda y tienen un futuro brillante que no lo desperdicien! Porque los sueños son los que nos ayudan a volar y no hay mejor sueño que el que haces realidad.

Me despido de ustedes deseándoles sinceros saludes y esperando tener más comunicación. Lo quiero mucho.

Saludes: Muy común en América Central para saludar a las personas. En otras regiones del continente americano se dice "saludos".

Amigas con uniforme escolar de la escuela Sagrado Corazón de Jesús

Ich finde, dass die Kinderarbeit aufhören soll

Citlalli (Stern)
6. Klasse, Schule Juanita Vigil Sandino

Ich mag den 24. Dezember, weil es Weihnachten und sehr fröhlich ist.

Die Straßen sind ein klein wenig besser geworden, auf der anderen Straßenseite gibt es schon Gehwege.

Mir gefällt es nicht, dass die Leute manchmal auf der Straße ein *Gezeter* machen und andere nicht schlafen lassen.

Was mir in der Schule am besten gefällt, sind Mathe und die Kinder, weil sie so freundschaftlich mit allen Klassenkameraden sind. Ja, es gibt auch etwas, was mir nicht gefällt, und zwar, dass meine Klassenkameraden sich wegen sinnlosen Dingen streiten.

Yo pienso sobre el trabajo infantil que debe acabarse

Citlalli (Estrella)
6to grado, Escuela Juanita Vigil Sandino

A mí, me gustan los 24 de diciembre porque son muy alegres, porque es el día de "Noche Buena".

Las calles han mejorado muy poco, porque al otro lado de la calle hay andenes.

No me gusta que la gente a veces pone una *alharaca* y no dejan dormir a las demás personas.

Lo que más me gusta de mi escuela son las matemáticas y los niños porque son muy amigables con todos sus compañeros de clases. También hay algo que me disgusta, es que mis compañeras se pelean por cosas que no tienen ni sentido.

Centro de Desarrollo Infantil, una guardería, en la que se cuida a niños que no tienen hermanos mayores y cuyas madres son trabajadoras solteras

Also, das Lernen können wir verbessern, indem wir zu Hause mehr lernen und unsere Hausaufgaben abgeben.

Bueno, el aprendizaje lo podemos mejorar estudiando más y entregando nuestras tareas.

Die Situation ist so, dass es mehrere Probleme gibt, die die Kinder in San Carlos betreffen. Die Drogen und die Verletzungen durch Gewalt; ich denke, dass es den Jugendlichen, die diesen Weg einschlagen, schlecht geht.

La situación es que a los niños de San Carlos les afectan varios problemas; las drogas, las violaciones y a los jóvenes por esos caminos que van, yo creo que van mal.

Ich finde, dass die Kinderarbeit aufhören soll. Ich kenne Kinder, die Schuhe putzen müssen, um Geld nach Hause zu bringen.

Yo pienso sobre el trabajo infantil que debe acabarse. Yo conozco niños que trabajan lustrando zapatos para llevar reales a sus hogares.

Nein, es gibt nichts, was mir an meiner Familie nicht gefällt. Ich würde meine Eltern bitten, dass sie so weitermachen wie bisher.

No, no hay nada que me disguste de mi familia. Yo les pediría que sigamos así como vamos.

Ja, ich kenne Fälle [von häuslicher Gewalt gegen Kinder], bei meinem Haus hat ein Mädchen gelebt, das ständig von einem Mann vergewaltigt wurde.

Sí, conozco casos de violencia dentro de la familia, por mi casa vivía una niña que un hombre la violaba a cada rato.

Die Menschenrechte geben uns die Würde als Menschen, die wir sind und wir müssen diesen Gedanken für die Demokratie aufrecht erhalten.

Los derechos humanos nos hacen valer como personas que somos y debemos tener arriba el ánimo por la democracia.

Ich würde die Behörden von San Carlos darum bitten, dass sie die Diebe festnehmen, die ihr Leben lang nur Häuser ausrauben.

A las autoridades de San Carlos yo les pediría que capturen a los ladrones que sólo viven robando en las casas.

Ich habe eine Botschaft für die Kinder und Jugendlichen in Nürnberg: Dass sie sich nicht mit den Problemen der Drogen und mit nichts anderem einlassen, weil die Drogen dir dein Leben wegnehmen.

Yo tengo un mensaje para los niños o jóvenes de Núremberg: Que no se metan a los problemas de las drogas y de nada, porque las drogas desechan tu vida.

Alharaca: Wort arabischen Ursprungs. Übertriebener Ausdruck von Gefühlen, indem man sich laut oder unangemessen verhält.

Alharaca: palabra de origen árabe. Expresión vehemente de afecto, bulla, escándalo.

Mein Papa hat meine Mama mitten in der Nacht geschlagen und hat uns alle aus dem Haus und auf die Straße getrieben, mit einer Machete.

Coco (Socorro)
4. Klasse

Das friedliche Miteinander unter den Nachbarn gefällt mir in unserem Stadtteil am meisten. Was ich gar nicht leiden kann, sind der Müll und die Straßenhunde.

Mein Traumberuf ist Ärztin. Wenn in der Schule die Jungen und Mädchen schlecht behandelt werden, finde ich das ganz schlimm. Wir könnten so viel mehr lernen, wenn man mehr auf uns eingehen würde.

Ich bin der Meinung, die Kinder, die arbeiten, sollten dies nicht tun ñ sie sollten ihre Zeit lieber damit verbringen, etwas zu lernen oder zu spielen. Ihre Eltern müssten mehr verdienen, so dass sie ihre Kinder gut versorgen können.

Hast Du in der eigenen Familie schon Gewalt erfahren?

Mi papá le pegaba a mi mamá y una noche, nos sacó de carrera a todos c machete.

Coco (Socorro)
4to grado

Lo que más me gusta de mi barrio es la paz que tenemos con los vecinos. Lo que detesto es la basura y los perros callejeros.

La profesión que me gusta es ser Doctora. Lo que me disgusta en la escuela es el maltrato que les dan a los niños y niñas. Podríamos mejorar el aprendizaje prestando mejor atención.

Yo pienso que los niños y niñas que trabajan no deben trabajar y que deben dedicarse a estudiar y a jugar. Sus padres deberían mejorar su salario para que puedan mantener a sus hijos.

¿Conoces algunos casos de violencias dentro de la misma familia?

¡A veces los abuelos son los mejores aliados!

[illegible] hat meine Mama in der Nacht geschlagen und einmal [illegible] alle mitten in der Nacht mit einer Machete auf die Straße [illegible] dem Haus heraus getrieben.

[illegible]eine Mama sagt, wir müssen den Älteren immer Respekt zollen, auch gegenüber der Lehrerin und der Ärztin müssen wir Respekt zeigen. Die Behörden würde ich bitten, dass sie der Bevölkerung allgemein mehr Aufmerksamkeit schenken.

Es gibt schlechte Menschen, die die arbeitenden Kinder physisch und psychisch misshandeln und sie vielleicht sogar missbrauchen.

Coctelxochitl (Margarita)
14 Jahre, 3. Klasse, Sekundarschule Cristo Rey

Hallo liebe Freunde aus Nürnberg, wie geht es euch? Ich hoffe, es geht euch gut im Kreise eurer Lieben.

Der Grund dieses Briefs ist, euch ein bisschen von der Situation und den Problemen, die uns hier in San Carlos betreffen, zu erzählen. Zuerst möchte ich euch ein bisschen von meinem Leben erzählen: Meine Lieblingsfarben sind weiß, schwarz, rot und rosa. Mein Hobby ist Musik hören, mein Lieblingssport ist Fußball, ich trinke gerne Saft und esse gerne Obst.

Meine Familie ist sehr groß und am meisten gefällt mir, dass wir uns alle so gut wie möglich gegenseitig helfen.

Ich habe sehr gute Freundinnen, das finde ich cool, *salvaje.* Wir haben eine Gruppe gegründet und wir heißen CHEL, das sind die Anfangsbuchstaben unserer Namen, die CHEL.

Wir sind sehr viel zusammen, wir helfen uns und vor allem geben wir uns gegenseitig Ratschläge, wir sind wie Schwestern.

Mi papá le pegaba a mi mamá y una vez a media noche nos sacó de carrera a todos de la casa con un machete.

Mamá dice que no debemos faltarle el respeto a los mayores así como a la profesora o doctora.
A las autoridades les pediría que presten atención al pueblo en general.

Hay algunas personas que son malas y a los niños vendedores los maltratan físicamente y psicológicamente, hasta pueden ser violados(as).

Coctelxochitl (Margarita)
14 años, 3er año de secundaria, Colegio Cristo Rey

Hola queridos amigos de Núremberg! ¿cómo están? Espero que se encuentren bien de salud al lado de todos sus seres queridos.

El motivo de esta carta es para contarles un poco de la situación, los problemas que vivimos en San Carlos. Primeramente quiero contarles un poco sobre mi vida: Mis colores favoritos son el blanco, el negro, el rojo y el rosado. Mi pasatiempo es escuchar música, mi deporte preferido es el fútbol, me gusta tomar mucho jugo natural y comer un sinnúmero de frutas.

Mi familia es muy grande y lo que más me gusta de ellos es que nos ayudamos en lo que podemos.

Tengo unas amigas *buena onda, salvaje.* Nosotras conformamos un grupo y nos llamamos CHEL que es la letra inicial de cada una de nosotras, es decir la inicial de nuestros nombres, las CHEL.

Somos unas personas bien unidas, nos ayudamos y sobre todo nos damos consejos unas a las otras, somos como hermanas.

Das Thema, über das ich gerne mit euch sprechen möchte, ist: „Die Situation, Hauptprobleme, die die Kinder aus San Carlos, Río San Juan betreffen". Dieses Thema ist sehr umfangreich.

Viele Kinder und Jugendliche gehen aus wirtschaftlichen Gründen auf die Straße, um dort zu verkaufen, um Geld zu verdienen und sich Essen zu kaufen. Es gibt Mütter, die ihre Kinder losschicken, um Tortillas, Tamales, Milchreis und andere Dinge zu verkaufen, aber die Mütter machen das nicht, weil es ihnen gefällt, sondern weil es eine Notwendigkeit ist.

Die Eltern sind sich des Risikos bewusst, das die Kinder auf der Straße eingehen, denn es gibt schlechte Menschen, die die Kinder physisch und psychisch misshandeln, sie können sogar von ihnen missbraucht werden.

Die Mütter arbeiten auch, denn die Mehrheit von ihnen ist alleinstehend und muss ihre Kinder, koste es was es wolle, alleine versorgen. Das kommt von der wirtschaftlichen Lage in diesem Land.

Im Gegenzug dazu gibt es andere Jugendliche, die die Möglichkeit haben, in die Schule zu gehen und alles, was sie machen, ist, ihr Leben zu verschwenden. Sie wissen es nicht zu schätzen und hängen nur faul auf der Straße herum, suchen Probleme. Diese Jugendlichen sind sich nicht dessen bewusst, was sie machen, weil sie sich selbst schaden.

Viele Kinder bekommen keine würdige Ausbildung, weil ihre Eltern nicht das Geld für die Schulsachen haben, deswegen müssen sie arbeiten, um sich ihre eigenen Sachen kaufen zu können. Das Durchschnittsalter der Kinder, die arbeiten, ist hier zwischen 8 und 18 Jahren.

Deswegen hat das Ministerium für Bildung, Kultur und Sport alle Schulen gebeten, dass die Schüler der 4. und 5. Klasse diesen Menschen helfen sollen, d. h. dass ein Schüler einen Analphabeten sucht, um ihm beim Lernen zu helfen.

Wenn die Schüler jemanden gefunden haben, besuchen sie an den Tagen, an denen sie frei haben, diese Personen zu Hause, um mit ihnen ein bisschen zu lernen.

El tema que me gustaría conversar con ustedes es: "La situación, problemas principales que afectan a los niños de San Carlos, Río San Juan". Este tema es muy extenso de tratar.

Muchos niños(as), jóvenes por necesidades económicas salen a vender a las calles para ganarse el dinero y comprar su comida. Hay madres que mandan a sus hijos a vender tortillas, tamales, arroz con leche entre otras cosas, pero las madres no lo hacen por gusto, sino porque es una necesidad básica que ellas tienen.

Los padres están consciente del riesgo que corren sus hijos en las calles, porque hay algunas personas que son malas y a los niños vendedores los maltratan físicamente y psicológicamente, hasta pueden ser violados(as) por esas malas personas.

También las madres trabajan porque la mayoría de ellas son madres solteras y tienen que mantener a sus hijos cueste lo que les cueste. Esto es debido a la situación económica que estamos viviendo en el país.

En cambio hay otros jóvenes que tienen posibilidades de estudiar y lo que hacen es que desperdician su vida, no la saben valorar. Solo caminan de vagos en las calles, buscando problemas. Estos jóvenes no están consciente de lo que hacen porque se están dañando así mismo.

Muchos niños(as) no tienen una educación digna porque sus padres no tienen los recursos para comprarles los útiles escolares. Entonces ellos tienen que trabajar para comprar sus propias cosas. Aquí en el trabajo infantil las edades promedias son entre los 8 y 18 años.

Por eso el Ministerio de Educación Cultura y Deporte ha orientado a todos los colegios, escuelas, institutos, que los alumnos de 4to. y 5to. año ayuden a esas personas en el sentido de que el alumno busque una persona analfabeta para ayudarle a estudiar.

Cuando los alumnos consigan a esas personas irán a visitarlas a sus casas los días que estén desocupados para que ellos estudien un poco con dichos alumnos.

Ich möchte gerne Informatik oder Kommunikation studieren. Ich lerne gerne Menschen von verschiedenen Orten, ihre Kultur, Traditionen und Gebräuche kennen, weil ich gerne Freunde habe.

Me gustaría estudiar ingeniería de sistemas o comunicación social. Me gusta conocer a personas de diferentes lugares, conocer sus culturas, tradiciones, costumbres porque me encanta tener amigos.

Das war ein kleiner Einblick in das Leben in San Carlos im Bezirk Río San Juan. Ich hoffe, mit euch in Kontakt bleiben zu können und Freundschaft mit euch zu schließen.

Esto es un poco de lo que se vive en San Carlos cabecera departamental de Río San Juan. Espero seguir en contacto con ustedes y mantener la amistad.

Ich verabschiede mich von euch allen lieben Freunden aus Nürnberg mit einer großen Umarmung und einem Kuss. Ich hoffe, ich habe euch mit meinem Thema über die Situation und die Probleme der Kinder und Jugendlichen in San Carlos nicht gelangweilt.

Me despido de todos ustedes queridos amigos de Núremberg con un fuerte abrazo y un agradable beso. Espero que no les haya aburrido con mi temática sobre la situación, los problemas de los niños(as), jóvenes de San Carlos.

Passt gut auf euch auf und vergesst nicht, dass wir hier in Nicaragua, besonders in San Carlos, mit offenen Armen auf euch warten, wenn ihr uns besuchen kommen wollt.

Que se cuiden mucho y que no se les olvide que aquí en Nicaragua, especialmente en San Carlos, los estaremos esperando con los brazos abiertos para cuando se decidan venir a visitarnos.

Bis dann, passt auf euch auf und folgt weiterhin euren Zielen.
Tschüss

Hasta luego, se cuidan mucho y sigan adelante con sus propósitos.
Bye

Salvaje: Fantastisch, perfekt, in der Jugendsprache.

Salvaje: Fantástico, perfecto, en la jerga juvenil.

Ja, ich kenne viele Fälle von Gewalt in Familien, und der Grund warum so etwas passiert, ist, dass viele Väter stark alkoholabhängig sind.

Yo conozco muchos casos de violencia en la familia y el motivo por el cual ocurre es porque muchos padres son muy adictos al alcohol.

Colacho (Nicholas)
13 Jahre, 6. Klasse, Schule Mentora Rafaela Herrera

Colacho (Nicolás)
13 años, 6to grado, Escuela Mentora Rafaela Herrera

Was mir am meisten in meinem Viertel gefällt, ist, dass sich die Nachbarn gut miteinander verstehen. Wir können sagen, dass sich das ein bisschen geändert hat.

Lo que más me gusta de mi barrio es la tranquilidad entre los vecinos. Podemos decir que sí ha cambiado un poco.

Es gibt nichts, was mich an meinem Viertel stört oder was ich daran hasse, alles ist Gott sei Dank gut.
Mir gefällt am besten die Atmosphäre in meiner Schule und wie wir Klassenkameraden miteinander umgehen.

No hay nada que detesto ni odio de mi barrio, todo está bien gracias a Dios.
Lo que más me gusta de mi escuela es el ambiente que se vive y como nos llevamos entre los compañeros de clase.

In meiner Zukunft möchte ich Ingenieur für Landwirtschaft werden.

Mich stört ein bisschen an meiner Schule, dass die Klassenlehrer manchmal etwas erklären und danach alle verwirrt sind und deshalb keine Fortschritte beim Lernen machen. Es ist notwendig, dass sie [die SchülerInnen] aufmerksamer sind.

Bei den Kindern sind die größten Probleme, die sie quälen, dass viele von ihnen aus finanziellen Gründen die Schule verlassen müssen und bei den Jugendlichen, dass viele die Schule wegen schlechter Angewohnheiten und der Korruption, die in letzter Zeit aufgetaucht ist, nicht ernst nehmen.

Ich denke, dass Kinderarbeit notwendig ist, damit sie ihren Eltern und sich selbst helfen können. Ich weiß, dass ungefähr 80% der Kinder in Nicaragua arbeiten.

Mir gefällt in meiner Familie nicht, dass Papa und Mama sich nicht gut verstehen und ich glaube, dass ihre Ehe zerbricht. Des-

Bueno, en mi futuro yo quisiera que mi profesión sea ingeniero de agronomía.

Lo que me disgusta un poco en mi escuela es que los maestros a veces están explicando su clase y después todos están confusos y no se avanza en el aprendizaje. Lo conveniente es que pongan más atención.

Entre los niños y niñas los principales problemas que se les aquejan es que muchos de ellos no pueden estar en una escuela por su situación económica. Los jóvenes: muchos de ellos no se dedican a su estudio por el vicio y la corrupción que ha surgido últimamente.

Yo pienso que el trabajo infantil es una necesidad de los niños para poder ayudar a sus padres y a ellos mismos. Bueno yo conozco como el 80% de niños en Nicaragua que trabajan.

Lo que me disgusta en mi familia es que papá y mamá no se llevan bien y pienso que su matrimonio se está desvaneciendo.

A muchos jóvenes (o a sus padres) les importa más ganar dinero que ir a la escuela…

wegen würden meine Schwestern und ich sie bitten, dass sie sich zusammenreißen oder, wenn sie sich nicht mehr lieben, dass sie sich scheiden lassen, aber immer noch so etwas wie gute Freunde bleiben.

Ich kenne viele Fälle von Gewalt in Familien, und der Grund, warum so etwas passiert, ist, dass viele Väter stark alkoholabhängig sind.

Ich habe gelernt, dass die Menschenrechte sehr wertvoll und wichtig sind und dass sie jeder Bürger respektieren sollte.

Wir, die Einwohner von San Carlos, würden die Behörden bitten, dass sie besser auf die Gemeinschaft aufpassen und mehr Ordnung herstellen und dass sie das Kinder- und Jugendschutzgesetz mehr beachten.

Ich will den Kindern und Jugendlichen aus unserem schönen Nicaragua mit dieser Nachricht sagen, dass wir uns vornehmen sollten, vorwärts zu kommen, und die beste Art und Weise, dies zu tun, ist, zu lernen, um in unserem Leben jemand sein zu können.

Entonces lo que mis hermanas y yo les pedimos, es que se controlen, o que, si ya no se quieren, que se divorcien, pero que queden como buenos amigos.

Yo conozco muchos casos de violencia en la familia y el motivo por el cual ocurre es porque muchos padres son muy adictos al alcohol.

Yo he aprendido que los derechos humanos son un valor muy importante que cada ciudadano debe respetar.

Lo que nosotros los ciudadanos de San Carlos les pedimos a las autoridades es que vigilen más la comunidad y pongan más orden y que amparen más la ley del código de la niñez y la adolescencia.

Lo que yo les quiero decir en este mensaje a los niños y jóvenes de nuestra linda Nicaragua es que nos propongamos a salir adelante y de la manera más perfecta que lo podemos lograr es estudiando para ser alguien en la vida.

In unserer Region nehmen 50% der Kinder nicht am Unterricht teil.

Cozcayollotl (Schönes Herz)
17 Jahre, 4. Klasse Sekundarschule San Carlos Borromeo

Geschätzte Bewohner Nürnbergs, heute habe ich das Glück und die Gelegenheit, euch zu schreiben und meine brüderlichen Grüße zu übermitteln. Möge Gott euch Freude in eurem Leben schenken und euch mit viel Glauben und Frohsinn erfüllen.

Ich wende mich an euch, um ein wenig die Situation der Jungen, Mädchen und Jugendlichen in San Carlos sowie unsere wesentlichen Probleme zu beschreiben.

In unserer Region nehmen 50% der Kinder nicht am Unterricht teil, denn diese Kinder führen den Haushalt und helfen bei Arbeiten mit, und zudem haben einige Eltern nur wenig Interesse daran, ihre Kinder zu motivieren, dies zu überwinden.

En nuestro departamento el 50% de la niñez no asiste a los centros de estudio.

Cozcayollotl (Corazón precioso)
17 años, 4to año de secundaria, Instituto San Carlos Borromeo

Estimados habitantes de Núremberg, hoy tengo la dicha y la oportunidad de enviarles esta posdata para brindarles mis más fraternos saludos y que Dios los tenga con gozo en sus vidas y que los llene de mucha fe y alegría.

Me remito a ustedes para describir un poco la situación de los niños, niñas y jóvenes en San Carlos y los principales problemas que les afectan.

En nuestro departamento el 50% de la niñez no asiste a los centros de estudio; ya que estos niños son los que sustentan el hogar, colaboran y apoyan en los trabajos. También hay poco interés por parte de algunos padres de motivar a sus hijos a la superación.

Die Jugendlichen beschäftigen sich mit Fischfang, Landwirtschaft, Viehzucht und anderem. Viele von ihnen trachten nach barem Verdienst und nicht nach einer fachlichen Ausbildung, da unsere Region sehr eingeschränkte Möglichkeiten hat.

Das Problem für die Jugendlichen ist der Mangel an neuen Arbeitsplätzen mit besserem Lohn, an Unterstützung von Viehzucht, Landwirtschaft und dem Fehlen des Baus der Landstraße *(nach Juigalpa, Anm. d. Ü.)*. Es fehlen neue Optionen von Universitäten und Investoren, damit wir uns nicht entschließen, ins Ausland abzuwandern.

Los jóvenes se dedican al trabajo de la pesca, agricultura, ganadería y otros. Muchos de ellos buscan el recurso económico antes que el ser un profesional, ya que el departamento cuenta con muchas limitaciones.

La problemática que les afecta a los jóvenes es la falta de nuevos empleos, con un mejor recurso salarial, apoyo en la ganadería, agricultura y la construcción de una carretera asfaltada. Hacen falta nuevas opciones de universidades e inversionistas para no optar a tener que emigrar al extranjero.

Die Behörden würde ich bitten, die Gewalt zu stoppen, wir wollen keine Gewalt mehr, und dass sie den Raubüberfällen ein Ende setzen.

Guicha (Luisa)
6. Klasse, Schule Juanita Vigil Sandino

Ich lebe in einem Haus mit 2 Veranden, einer großen roten und einer kleinen cremefarbenen mit rot und weiß.

An meinem Viertel gefällt mir, dass sich Gott sei Dank die Nachbarn nicht streiten.

An meiner Straße gefällt mir nichts, weil sie sie immer noch nicht verbessert haben, aber wir tun alles, was möglich ist, um sie sauber zu halten. Der Zustand von einigen Straßen hat sich ein wenig verbessert.

An meinem Viertel mag ich nicht, dass es so viele Hunde gibt. Sie kommen in die Häuser, als ob nichts dabei wäre, fangen an zu kämpfen, *machen Sauereien* und haben sogar Geschlechtsverkehr. Deswegen schicken die Eltern ihre Kinder ins Haus, wenn die Kinder in Ruhe draußen spielen, und dann können sie sich nicht mehr draußen vergnügen.

Ich glaube, dass es bei mir in der Schule gut läuft, und vielleicht bin ich Beste oder Zweitbeste, ich weiß es nicht, ich weiß nur, dass ich eine gute Schülerin bin, meine Noten sind 95, 80, 100, den Rest weiß ich nicht, aber es läuft gut.

Am besten an meiner Schule finde ich, dass die Lehrer sich um unsere Bildung kümmern und wir deshalb das Jahr bestehen. Es gibt einige, die sich viel kümmern, z.B. meine Lehrerin. Sie heißt Socorro Muñoz Berrios.

Am Unterricht gefällt mir, dass sie viel über wichtige Dinge sprechen, mein Lieblingsfach ist Naturwissenschaften, es gefällt mir, weil es um die Natur, um Tiere, Pflanzen und die Lebewesen geht, das gefällt mir.

Also, was mir an meiner Schule nicht gefällt, ist, dass die Mädchentoilette auf Grund des Wassermangels wie ein *Schweinestall* aussieht. Diese Wand ähnelt einer Gefängniswand, wie eine verkratzte Tafel.

Le pediría a las autoridades que si hay violencia que la paren, no queremos más violencia y que paren los robos.

Guicha (Luisa)
6to grado, Escuela Juanita Vigil Sandino

Vivo en una casa que tiene 2 *porches,* uno grande color rojo y otro pequeño de color crema combinado con rojo y blanco.

Lo que me gusta, es que todos los vecinos gracias a Dios no tienen discusión.

De mi calle no me gusta nada, porque aún no la han mejorado, pero hacemos lo posible para mantenerla limpia. El estado de algunas calles ha mejorado unas cuantas.

En mi barrio no me gusta que hay muchos perros. Ellos llegan a las casas, se meten como si nada, a veces se ponen a pelear, a *hacer chanchadas,* hasta tienen relaciones sexuales. Por esto la gente mete a sus hijos adentro, cuando los niños están tranquilos jugando y pierden su diversión afuera.

En mis estudios creo que voy bien y talvez en segundo o en primer lugar, no se, solo sé que soy buena alumna, pero voy bien en clases, mis notas son de 95, 80, 100, el resto no sé, pero voy bien.

Lo que más me gusta en mi escuela es que los maestros se preocupan por la educación de nosotros y porque *pasemos el grado.* Hay algunos que se preocupan mucho, por ejemplo mi maestra que se llama Socorro Muñoz Berrios.

En mis estudios me gusta como hablan mucho de cosas importantes, mi clase favorita es ciencias naturales, me gusta porque habla sobre la naturaleza, los animales, las plantas y principalmente los seres vivos, eso es lo que me gusta.

Bueno lo que no me agrada, es que por falta de agua los baños de las niñas son *una chanchada.* Esa pared parece pared de carceleras, como que fueran pizarrones para rayarlas.

Die Bildung, also der Unterricht, läuft sehr gut, es gibt keine Probleme in meiner Klasse, ich weiß nicht, wie es in den anderen Klassen ist, ich denke gut. Man könnte den Unterricht verbessern, wenn die Kinder ein bisschen mehr geistig im Unterricht anwesend wären und nicht so viele schlechte Angewohnheiten hätten oder vulgäre Spiele spielen würden.

La educación, bueno el aprendizaje va muy bien, no hay problemas en mi aula. En las demás aulas no se cómo va la educación, pero creo que bien. Se podría mejorar si los niños podrían poner un poco de mente a sus clases y no mucho a los malos hábitos o juegos vulgares.

Ja, ich habe von den Menschenrechten gehört, sie sagen, dass wir die Rechte haben, um frei zu sein und unsere eigenen Eigenschaften haben zu dürfen.

Si he escuchado que dicen que los derechos los tenemos para ser libres y tener nuestras propias cualidades.

Die Behörden würde ich bitten, die Gewalt zu stoppen, wir wollen keine Gewalt mehr, und dass sie den Raubüberfällen ein Ende setzen.

Les pediría a las autoridades que si hay violencia que la paren, no queremos más violencia y que paren los robos, etc.

Los niños en San Carlos son muy diligentes

Allen Kindern, die Schuhe putzen, verkaufen und arbeiten, möchte ich sagen, dass sie vielleicht doch wieder in die Schule gehen, weil Lernen wichtig ist, manchmal sagen Kinder, in die Schule gehen ist langweilig, aber nein, es ist gut, in die Schule zu gehen. Denn schaut, ich bin schon in der Sekundarstufe und habe noch nie ein Jahr wiederholt, ehrlich, und ich bin froh, dass ich in die 6. Klasse gehe.

Solo quiero decir que a todos los niños que lustran, venden, trabajan que procuren talvez con esa platita estudiar, porque estudiar es importante. A veces unos niños dicen ah, hay, que aburrido es ir a clase. Pero no, es bueno ir a clase porque miren, yo ya voy para secundaria, nunca repetí un grado, no les miento y estoy alegre porque voy para 1er año de secundaria, qué alegría!.

Gut, ich hoffe, ihr lest diese Nachricht, auch wenn sie vielleicht nicht so wichtig ist.
Tschüss.

Una chanchada: etwas sehr Schmutziges.

In San Carlos gibt es gewöhnlich nur einige Stunden am Tag Strom und Wasser. Aus diesem Grund leidet die Bevölkerung sehr oft unter dem Mangel an Trinkwasser.
Porche: Hof, Veranda

Es ist gefährlich, denn sie riskieren ihr Leben, wenn sie nachts verkaufen.

Lencha (Lorenza)
13 Jahre, 6. Klasse, Schule Mentora Rafaela Herrera

Mir gefällt mein Viertel, denn es ist sehr ruhig, und ich lausche gerne den Liedern der Vögel.

Hat sich der Zustand der Straße verbessert?

Nein, denn es scheint so, als ob sich der Staat nicht dafür interessieren würde, obwohl meine Straße die Hauptverbindung zur Hauptstadt ist. Es stört mich, dass die Straßen nicht befestigt sind und die Autos viel Staub aufwirbeln.

Ich möchte gerne den Kindern und Erwachsenen, die in Armut leben, helfen können. Ich möchte gerne Psychologin oder Reiseleiterin werden, um den Touristen, die unser Land besuchen, Auskunft zu erteilen.

Gibt es etwas, das dich an deiner Schule stört, das dir nicht gefällt?
Ja, der schlechte Zustand der sanitären Anlagen und das Fehlen von Lernmitteln. Mir würden bessere Klassenzimmer gefallen.

Der Unterricht könnte verbessert werden, wenn es mehr Geldmittel für die Schule gäbe, durch tägliche Teilnahme am Unterricht, durch gute Disziplin, Zuhören, um zu verstehen, etc.

Bueno espero que escuchen este mensaje aunque talvez no es tan importante.
Good Bye.

Una chanchada: algo muy sucio.

Normalmente en San Carlos solo disponen de electricidad y agua algunas horas al día. Por esta causa muchas veces la población sufre de falta de agua potable.
Porche: terraza, patio

Es peligroso, porque arriesgan su vida por la noche vendiendo.

Lencha (Lorenza)
13 años, 6to grado, Escuela Mentora Rafaela Herrera

Me gusta mi barrio, porque es muy tranquilo y me gusta escuchar los cantos de los pájaros.

Ha mejorado el estado de la calle?

No, porque parece que el Estado no se preocupa y a pesar de que mi calle es la principal vía a la capital. Me molesta que las calles son de polvo y los autos levantan mucho polvo.

En el futuro quisiera poder ayudar a los niños y adultos que viven en la pobreza. Quisiera ser psicóloga o guía turística para informar a los turistas que visitan nuestro país.

Hay algo que te disguste, que no te agrada de tu escuela o colegio?
Sí, el mal estado de los servicios higiénicos y la falta de útiles escolares. Me gustaría tener mejores aulas.

Cómo se podría mejorar el aprendizaje?
Que haya mejores recursos para estudiar, llegando diario a clase, tener buena disciplina, escuchar para entender, etc.

Die Hauptprobleme der Kinder von San Carlos, meistens am Stadtrand, sind das Fehlen von Erziehung und das spärliche Essen, denn sie sind sehr arm und es gibt keine Unterstützung. Auch die Arbeitslosigkeit ist ein Problem für alle Einwohner Nicaraguas.

Kinderarbeit ist ein Missbrauch ihrer Rechte. Die Kinder können nicht arbeiten, solange sie nicht alt genug sind.

Los principales problemas de los niños y niñas de San Carlos, más en las zonas alejadas, son la falta de educación y la escasez de comida, ya que son muy pobres y no hay apoyo. También la falta de trabajo para todas las personas de Nicaragua es un problema.

Pienso que el trabajo infantil es un abuso de sus derechos. Los niños no pueden trabajar hasta que sean mayores.

Una niña prepara las tortillas para el próximo día

Ich kenne Kinder, die arbeiten, Kinder, die Tortillas verkaufen, etc. Es ist gefährlich, denn sie riskieren ihr Leben, wenn sie nachts verkaufen.

Ich mag es nicht, dass meine Mutter sich wegen der Probleme Sorgen macht und mich oft schimpft. Ich würde sie darum bitten, studieren zu dürfen, damit ich in meinem Leben etwas erreichen kann. Und ich denke, das ist das beste Erbe, wenn sie uns unterstützen.

Yo conozco niños que trabajan, que venden tortillas, etc. Es peligroso, porque arriesgan su vida vendiendo por la noche.

No me gusta que mi madre esté preocupada por los problemas y me regaña mucho. A mis padres yo les pediría apoyo para poder estudiar y lograr algo en la vida. Yo pienso que esto es la mejor herencia que nos dejan.

Ich kenne keine Fälle von Gewalt. Bei mir zu Hause gibt es das nicht, Gott sei Dank. Ich denke, dass Gewalt in der Familie herrscht, weil alle Personen verschieden sind.

Die Menschenrechte sind Normen, die die Menschen und die Kinder von Nicaragua verteidigen.

Die Behörden würde ich bitten, dass sie dem Volk mehr Sicherheit bieten, auf jegliche Situation vorbereitet sind und dass es Gerechtigkeit gibt.

Einen Gruß an alle Bewohner Nürnbergs und einen Kuss. Ich hoffe, es geht euch gut und ihr besucht uns bald. In Nicaragua werdet ihr immer willkommen sein.

Wir, die Kinder von San Carlos, danken den Jungen, Mädchen und Jugendlichen aus Nürnberg für die Unterstützung der Kinder von San Carlos.

Lola (Dolores)
9 Jahre, 4. Klasse

Am besten gefällt mir an meinem Viertel, dass es sehr ruhig ist und sich der Zustand der Straßen verbessert hat. Was ich an meinem Viertel nicht mag, ist, dass die Leute sehr viel tratschen und dass es viel Gewalt gibt.

Mir gefällt an meiner Schule, dass sie sehr sauber und ruhig ist. Ich habe mir überlegt, in meiner Zukunft Ärztin zu werden. Ich hätte gerne einen Beruf, bei dem man lernt. Die Schule könnte verbessert werden. An meiner Schule gefällt mir nicht, dass die Kinder aus den anderen Klassen sehr gehässig sind.

Ich kann die Situationen der Jungen, Mädchen oder Jugendlichen nicht beschreiben, ich bin von keinem einzigen Problem betroffen.

Ich kenne viele Kinder, die arbeiten und ich wünsche ihnen eine viel bessere Zukunft.

No conozco casos de violencia. En mi casa no se ha producido, gracias a Dios. Pienso que la violencia en la familia ocurre porque somos personas diferentes.

Los derechos humanos son las normas que defienden a los seres humanos y a los niños de Nicaragua.

A las autoridades les pediría que brinden mejor seguridad para el pueblo, que estén preparados para cualquier situación y que haya justicia.

Espero que se encuentren bien y un saludo a todas las personas de Núremberg y un beso. Espero que nos visiten pronto. En Nicaragua serán siempre bienvenidos.

Nosotros los niños de San Carlos le agradecemos a los niños, niñas y jóvenes de Núremberg, por estarnos apoyando a los niños de San Carlos.

Lola (Dolores)
9 años, 4to grado

Lo que mas me gusta de mi barrio es que es muy tranquilo y ha mejorado el estado de la calle. Lo que a mí no me gusta de mi barrio es que la gente es muy chismosa y que hay mucha violencia.

A mí me gusta de mi escuela que es muy aseada y muy tranquila. Yo he pensado en el futuro ser doctora. A mí me gustaría una profesión para aprender. Se podría mejorar la escuela. A mí no me agrada de mi escuela es que los otros niños de las otras aulas son muy odiosos.

Yo no puedo describir las situaciones de los niños, niñas o jóvenes, a mí no me afecta ni un problema.

Yo conozco muchos niños que trabajan y les deseo un futuro mucho más mejor.

Deseo que mis padres me amen y que me lo demuestren

Mir gefällt alles an meinem Zuhause. Meine Familie weist mich nicht zurück. Wenn ich meine Familie um etwas bitten könnte, dann um ein Fahrrad.

Ich kenne keinen Fall von Gewalt gegen Töchter oder Söhne. Ich würde die Behörden von San Carlos darum bitten, alle Diebe festzunehmen, damit sie nie wieder in die Häuser zum Stehlen einbrechen und ich würde sie um Sicherheit gegen Gewalt etc. bitten.

Wir, die Kinder von San Carlos, danken den Jungen, Mädchen und Jugendlichen aus Nürnberg für die Unterstützung der Kinder von San Carlos. Wir Kinder von San Carlos wollen alle Herausforderungen des Lebens bewältigen. Wir wollen sie zu ihrer Großherzigkeit beglückwünschen.

Ebenso wollen wir euch für die Partnerschaft danken, die Solidarität mit den armen Kindern am Río San Juan. Deshalb schreibe ich euch, um mitzuteilen, dass uns die Unterstützung, die ihr uns

A mí me gusta todo de mi casa. Mi familia a mí no me rechaza. Si pudiera pedirle algo a mi familia, yo le pediría una bicicleta.

Yo no conozco ningún caso de violencia contra las hijas o hijos. Yo les pediría a las autoridades de San Carlos que echen presos a todos los ladrones para que nunca se vuelvan a meter a robar en las casas y le pediría seguridad contra la violencia, etc.

Nosotros los niños de San Carlos les agradecemos a los niños, niñas y jóvenes de Núremberg, por estarnos apoyando a los niños de San Carlos. Nosotros los niños sancarleños queremos superarnos en todos los aspectos de la vida. Queremos felicitarlos por ser tan nobles.

También queremos agradecerles por la hermandad, la solidaridad para los niños pobres de Río San Juan. Es por eso que yo les escribo, para decirles que nos sirve el apoyo que ustedes nos

schickt, dabei hilft, unsere Ausbildung zu meistern. Ich bin eine Schülerin der 4. Klasse und habe sehr gute Noten von 85 %.

Ich hoffe, dass ihr und alle anderen Deutschen uns versteht und uns freundschaftlich die Hand reicht. Wir danken es euch im Voraus. Wir senden unseren brüderlichen Gruß.

Mit freundlichen Grüßen

Die Kinderarbeit betrifft die Kinder von San Carlos sehr stark. Sie können deswegen nicht richtig Kind sein, weil sie von klein auf eine große Verantwortung tragen.

Lupe (Guadalupe)
Schule Cristo Rey

Hallo Freunde aus Nürnberg. Ich hoffe, dass ihr gesund seid, wenn ihr diesen kleinen Brief bekommt.

Ich würde euch gerne vom Problem der Kinderarbeit im Zentrum von San Carlos erzählen.

Die Kinderarbeit betrifft die Kinder von San Carlos sehr stark. Sie können deswegen nicht richtig Kind sein, weil sie von klein

brindan, nos sirve para superar en los estudios. Soy una alumna del 4to. grado y llevo muy buenas notas de 85%.

Espero que ustedes al igual que todos los de Alemania nos entiendan y que nos brinden la mano amiga, lo cual agradecemos de antemano. Reiteramos nuestro saludo fraterno.

Atentamente

El trabajo infantil afecta grandemente a los niños y niñas de San Carlos, no les permite desarrollar bien su niñez, porque desde muy niños cargan con grandes responsabilidades.

Lupe (Guadalupe)
Colegio Cristo Rey

Hola amigos de Núremberg, espero que al recibir esta pequeña carta puedan gozar de salud.

A mí me gustaría hablarles sobre la problemática del trabajo infantil en el casco urbano de San Carlos.

El trabajo infantil afecta grandemente a los niños y niñas de San Carlos, no les permite desarrollar bien su niñez, porque

auf eine große Verantwortung tragen, wie z. B. Geld nach Hause bringen, auf ihre kleineren Geschwister aufpassen, sich um den Haushalt kümmern und kochen. Man verletzt ihre Rechte; sie haben keine Ausbildung, sie können nicht mit den anderen Kindern spielen, sie sind die Stütze im Haushalt.

Diese Kinder sind anfälliger für psychologische Probleme in ihrer Jugend, weil sie von ihren Eltern schlecht behandelt werden oder wegen Dingen, die ihnen auf der Straße passieren. Jeden Tag steigt im Zentrum von San Carlos die Anzahl von arbeitenden Kindern. Das beruht auf der schlechten wirtschaftlichen Lage, der Arbeitslosigkeit und der Unverantwortlichkeit der Eltern.

desde muy niños cargan con grandes responsabilidades como es: llevar el dinero a casa, cuidar de sus hermanitos menores, cuidar del hogar y cocinar. Violan sus derechos, no tienen una educación, no pueden jugar con los demás niños, son el sustento del hogar.

Estos niños y niñas son más propensos a tener problemas psicológicos durante su adolescencia por maltrato de sus padres o por cosas que les suceden en las calles. Día a día aumenta el índice de niñas y niños trabajadores en el casco urbano de San Carlos. Esto se debe a la mala economía, el desempleo e irresponsabilidad de los padres de familia.

Soy muy feliz y contento con mi familia, porque me apoyan

Ich kenne viele arbeitende Kinder, denen man ihre Ängste und Traurigkeit im Gesicht ansieht, weil sie Angst davor haben, zu sprechen. Helfen wir ihnen, die Stille zu brechen.

Freunde und Freundinnen aus Nürnberg, ich verabschiede mich; ich hoffe, dass euch mein Brief gefällt.

Conozco muchos niños y niñas trabajadores que reflejan sus miedos y tristezas en sus rostros porque les da miedo hablar. Ayudémosles a romper el silencio.

Amigos y amigas de Núremberg me despido, espero que mi carta sea de agrado para ustedes.

Ich kenne Eltern, die ihre Söhne und Töchter schlagen und beschimpfen.

Maché (María Joseph)
6. Klasse

An meinem Viertel gefällt mir am besten, dass sich die Nachbarn gegenseitig respektieren und dass es dank der Leute im Bürgermeisteramt weniger Müll gibt.
Die Straßen haben sich verbessert, weil es weniger Müll in den Straßen gibt und außerdem gibt es keine Pfützen mehr, in denen Mücken leben, die viele Krankheiten für die Bevölkerung verursachen können.

Es gibt etwas, das mich stört: meine Nachbarn werfen den Müll auf die Straße, zu den Nachbarn oder lassen ihn manchmal im Innenhof verstreut liegen, so dass viele Krankheiten in unserer Gemeinde entstehen.

Es würde mir sehr gut gefallen, wenn es in der Schule besseren Unterricht geben würde. Ich habe darüber nachgedacht, dass ich später Krankenschwester werden könnte.

Es gibt etwas, das mich stört: dass die Lehrer den Schülern sagen, dass sie den Müll an die vorgesehene Stelle bringen sollen und sie selbst machen es nicht und werfen ihn auf den Boden. Den Unterricht könnte man verbessern, indem man dem Lehrer zuhört und man könnte auch das Benehmen verbessern.

Conozco padres que les pegan a sus hijas e hijos y los golpean y les dicen malas palabras.

Maché (María José)
6to grado

Lo que más me gusta de mi barrio es que hay personas que respetan a los vecinos, y de mi calle lo que más me gusta es que hay menos basura gracias a la gente del alcaldía.
Las calles han mejorado porque hay menos basura en las calles y además no hay charcos que dan lugar a moscas que pueden causar muchas enfermedades para la población.

Hay algo que detesto: mis vecinos echan basura en las calles, al vecino y a veces la dejan regada en el patio para que vengan muchas enfermedades en nuestra comunidad.

Lo que más me gustaría en la escuela es que haya mucha educación para los niños. Yo he pensado que en el futuro podría lograr aprender la (profesión de) enfermería.

Hay algo que me disgusta: que los profesores les digan a los alumnos que depositen la basura en su lugar y ellos no hacen caso y la echan en el suelo. El aprendizaje se podría mejorar poniendo atención a lo que diga el maestro y mejorar la conducta.

A causa de alcantarillas abiertas y contaminación surgen muchas enfermedades

Die Situation der Kinder und Jugendlichen ist so, dass sie manchmal arbeiten wollen, aber das, was sie verdienen, reicht ihnen nicht, um mit ihrer Familie zu essen. Sie haben kein Geld, um sich zu ernähren.

Ich denke daran, den armen Kindern zu helfen, die kein Dach über dem Kopf und die keine Familie haben, die sie unterstützt, indem sie arbeitet, um Geld zu verdienen und Essen kaufen zu können.

Am besten gefällt mir zu Hause, dass wir auf das hören, was unser Vater sagt. Ablehnen würde ich, wenn er mich beleidigt und ich würde meine Eltern bitten, uns gut zu erziehen und uns keine Schimpfwörter beizubringen.

Ich kenne Eltern, die ihre Söhne und Töchter schlagen und beschimpfen. Ich denke, dass das passiert, weil sie manchmal einen Freund oder eine Freundin haben und dass dem Papa nicht gefällt, was sie tun.

Ja, ich habe von den Menschenrechten gehört, das sind Normen, die das Leben der Menschen regeln.

Ich möchte sie (die Behörden) bitten, dass sie viel Respekt vor den Leuten haben sollen und dass sie etwas tun, damit sie Respekt verdienen, weil die Behörden manchmal die Eingesperrten schlagen. Das heißt, die Polizei von San Carlos.

La situación de los niños y niñas y jóvenes es que a veces quieren trabajar pero lo que ganan no les ajusta, no les alcanza para comer con su familia. No tienen dinero para alimentarse.

Pienso ayudar a los niños pobres que no tienen un techo para vivir y que no tengan familia, para que los apoyen si trabajan para alcanzar dinero para comprar comida.

Lo que más me gusta en mi casa es que obedecemos a nuestro padre lo que él mande. Lo que yo rechazaría es que me ofendan y les pediría a mis padres que nos dieran una educación buena y no que nos enseñen malas palabras.

Conozco padres que les pegan a sus hijas e hijos y los golpean y les dicen malas palabras. Yo digo que eso les ocurre porque talvez tienen novio y al papá no le gustaría que lo quieran.

Sí, yo he escuchado de los derechos humanos, son normas que rigen la vida de las personas.

Yo les pediría (a las autoridades) que haya mucho respeto a las personas, que hagan algo para aclarar el respeto, porque a veces las autoridades golpean a los encarcelados. Yo quiero decir, la policía de San Carlos.

Niños de Núremberg celebrando el carnaval delante de la municipalidad

Ich würde die Kinder aus Nürnberg bitten, dass sie wohlerzogene Kinder sind, die ihre Freunde respektieren, genauso wie ihre Lehrer und ihren Vater und ihre Mutter.

Ich wünsche mir, dass die Kinder aus Nürnberg die Freiheit haben, das zu tun, was sie möchten und dass sie eine bessere Zukunft haben. Ich wünsche mir, dass sie sich gut mit ihren Eltern verstehen, dass sie sie achten, dass sie nicht faul sind, dass sie den Alten, den Behinderten und den jüngeren Kindern helfen, damit sie keinen Unfall haben, wenn sie über die Straße gehen.

Ach ja, und denkt an die Schule, nutzt den Unterricht, lernt die guten und nicht die schlechten Sachen. Und arbeitet an eurer Schullaufbahn, lernt ordentlich und zieht nachts nicht durch die Straßen. Seid vorsichtig. Das ist es, was ich euch sagen will.

Danke für eure Unterstützung.

Yo les pediría a los niños de Núremberg que sean unos niños educados que respeten a sus compañeros y que le hagan caso a sus maestros igual que a su padre y madre.

Deseo que los niños de Núremberg *tengan su propia licencia* para todo lo que quieran hacer, que tengan un futuro mejor. Que se porten bien con sus padres, que le hagan caso a ellos, que no sean vagos, que ayuden a los ancianos, a los discapacitados, a los niños más pequeños para cuando pasen por las calles no tengan un accidente.

Ah. Y piensen en el estudio, aprovechen las clases, que aprendan lo bueno y no lo malo. Y también que sigan adelante con sus carreras, que estudien y que no anden en la calle por la noche. Que anden con cuidado, eso es lo que les digo.

Gracias por darnos su apoyo.

Es würde mir auch gefallen, wenn uns die Landespolizei einen besseren Schutz zukommen lassen und mehr auf unsere Träume Acht geben würde.

Malú (María Luisa)
16 Jahre, 3. Klasse, Sekundarschule San Carlos Borromeo

Hallo Kinder und Jugendliche aus Nürnberg,

in meinem Viertel wohnen viele Personen, mehrheitlich arme Leute, Arbeiter. Der Zustand meiner Straße hat sich weder verbessert noch verschlechtert, sie war schon immer bewohnt, ruhig und sehr sauber. Eine der Sachen, die ich an meinem Viertel verabscheue, ist, dass die Personen aus anderen Wohnblöcken tote Tiere wegwerfen, auch wenn man das nur selten miterlebt.

Meine Schule gefällt mir sehr gut, da viele erholsame und kulturelle Aktivitäten stattfinden und einer meiner Träume ist es, in Argentinien Soziologie zu studieren. In der Sekundarschule sind die Klassenzimmer und die Toiletten beschädigt und funktionieren nicht mehr. Dieser Zustand gefällt mir nicht.

También me gustaría que la Policía Nacional nos brinde una mejor protección y que vigilen mejor nuestros sueños.

Malú (María Luisa)
16 años, 3ero de secundaria, Instituto San Carlos Borromeo

Hola niños y jóvenes de Núremberg,

Mi barrio se encuentra habitado por muchas personas en su mayoría pobres; gente trabajadora. El estado de mi calle no ha mejorado, ni empeorado siempre ha sido habitado, tranquilo y muy limpio. Una de las cosas que detesto de mi barrio es que las personas de otras cuadras botan animales muertos aunque esta situación se vive poco.

Me gusta mucho el Instituto porque realizan muchas actividades recreativas y culturales y uno de mis sueños es irme a estudiar sociología en Argentina. En el Instituto las aulas así como los servicios higiénicos están deteriorados, no sirven. No me gusta el estado en que se encuentran.

Policía en San Carlos

Ich würde meine Eltern gerne darum bitten, mich weiterhin in meiner Ausbildung zu unterstützen, solange Gott es ihnen ermöglicht.
In San Carlos kenne ich eigentlich wenige Fälle von Gewalt in Familien und ich glaube, diese Probleme entstehen durch Probleme in der Beziehung, Alkohol und Stress in der Arbeit.

Es würde mir gefallen und ich bitte die Behörden von San Carlos darum, ein Freizeitzentrum für die Kinder und für uns Jugendliche einzurichten, denn in San Carlos gibt es wenig Unterhaltung, was, denke ich, einer der Gründe ist, warum die Kinder und Jugendlichen Lastern wie zum Beispiel Alkohol oder Zigaretten verfallen, da sie nichts oder keinen Ort zum Zeitvertreiben haben.

Es würde mir auch gefallen, wenn uns die Landespolizei einen besseren Schutz zukommen lassen und mehr auf unsere Träume Acht geben würde.

Nun, ich sende den Nürnberger Kindern und Jugendlichen meine besten Grüße und ein Dankeschön dafür, dass sie uns, den Jugendlichen und Kindern von San Carlos, diese Gelegenheit bieten. Ich würde gerne viel über euch erfahren; erfahren, warum, oder aus welchem Beweggrund heraus ihr dies für die Kinder und Jugendlichen von San Carlos tut.

Me gustaría pedir a mis padres que me sigan ayudando con mis estudios hasta que Dios se los permita.

En San Carlos, en realidad conozco pocos casos de violencia entre la familia y creo que estos problemas se dan por problemas de parejas, por el alcohol, el estrés del trabajo.

Me gustaría y les pido a las autoridades de San Carlos que construyan centros recreativos para niños y para nosotros los jóvenes, ya que en San Carlos hay poco entretenimiento y creo que esa es una de las causas por qué los niños y los jóvenes se meten en vicios como el alcohol o el cigarro, ya que no tienen algo o un lugar donde entretenerse.

También me gustaría que la Policía Nacional nos brinde una mejor protección y que vigilen mejor nuestros sueños.

Bueno les doy mis más gratos saludos a los niños y jóvenes de Núremberg y las gracias por brindarnos este espacio a nosotros los jóvenes y niños de San Carlos. Me gustaría saber mucho sobre ustedes; saber el por qué o cuál fue el motivo que los llevó a hacer esto por los niños y jóvenes de San Carlos.

Ich möchte euch ebenfalls sagen, dass ich euch für diese Gelegenheit sehr dankbar bin, und auch dafür, euch nach vier Jahren wieder zu schreiben, nun, da ich schon eine 16-jährige junge Frau bin. Als ich euch meinen ersten Brief schickte, war ich 12 Jahre alt, und dies ist nun der zweite Brief, der hoffentlich auch nicht der letzte sein wird. Ich hoffe, ihr schreibt mir auch.

También quiero decirles que me siento muy agradecida con ustedes por esta oportunidad de volverles a escribir después de cuatro años, ahora que soy toda una señorita de 16 años de edad. Cuando les mandé la primera carta tenía 12 años de edad y ahora ésta es la segunda carta y espero que no sea la última. Esperando que me escriban ustedes también.

Egal ob wir reich oder arm sind, wir sollten einander helfen und erst recht, wenn es ein Kind ist.

Maruca (María)
Sekundarschule San Carlos Borromeo

Ich denke, dass die Kinderarbeit ein sehr großes Problem ist. Die Arbeit, die die Jungen und Mädchen täglich verrichten, verhindert, dass sie in die Schule gehen können. Deswegen können sie später keine würdevolle Arbeit bekommen, weil sie keine Ausbildung abgeschlossen haben.

Die Mehrheit der Kinder und Jugendlichen sind Analphabeten; einige arbeiten als Straßenverkäufer, Lastträger, Hilfsarbeiter, Schuhputzer.

Für mich ist es sehr traurig, die Kinder und Jugendlichen arbeiten zu sehen, da sie keinen Spaß haben und der Gefahr von Unfällen, Verletzungen und Krankheiten ausgesetzt sind. Sie arbeiten, weil ihre Eltern sie dazu zwingen, andere weil sie arbeitslos sind und ihren Kindern sagen „Such dir Arbeit, ich habe kein Geld" oder „Ich bin alt und du bist jung, dir geben sie einen Job".

Was mich am meisten schmerzt, ist, dass sie (die Kinder) nicht freiwillig arbeiten, sondern, dass ihre familiäre Situation sie dazu zwingt.

Ich kenne einige Kinder und Jugendliche, die arbeiten. Ich habe Freunde und Freundinnen, die arbeiten. Ein Junge verkauft Tortillas, ein anderer verkauft *Atol* und *Cuajadas* auf der Straße und ein anderer Freund arbeitet als Lastenträger am Hafenkai oder sie gehen zum Anlegeplatz der Boote, um die Koffer der Passagiere zu tragen; er sagt, dass er gut verdient.

Seamos ricos o pobres debemos ayudar a los demás y más cuando es un niño o niña.

Maruca (María)
Instituto San Carlos Borromeo

Pienso que el trabajo infantil es un problema muy grande. El trabajo que realizan a diario los niños y niñas impide que ellos vayan a la escuela. Por eso, en un futuro no podrían desarrollar un trabajo digno, al no haber logrado una profesión.

La mayoría de los niños, niñas y jóvenes son analfabetos; algunos trabajan de vendedores ambulantes, cargadores, como ayudantes, lustradores.

Para mí, ver trabajar a los niños, niñas y jóvenes es muy triste, ya que ellos no se divierten y corren riesgos de accidentes, lesiones, enfermedades. Trabajan porque sus padres los obligan, otros porque están desempleados y les dicen a sus hijos "Buscá como trabajar porque yo no tengo riales (*dinero*)" otros "yo estoy vieja o viejo y vos estás joven, a vos te dan trabajo".

Lo que más pena y dolor me da es que ellos (los hijos) no trabajan por su gusto, sino porque su situación familiar los obliga.

Conozco varios niños, niñas y jóvenes que trabajan. Tengo amigos y amigas trabajadores, un niño que vende tortillas, otro camina vendiendo *atol y cuajadas*, otro amigo trabaja de acarreador en el muelle o se van donde arriman *(atracan)* los botes para acarrear las maletas de los pasajeros; él dice que gana bien.

An meinem Haus ging jedoch immer ein Junge vorbei, der Tortillas verkauft; wenn er kaum noch welche übrig hatte, sagte er – wenn wir ihm keine abkauften – „gute Frau, kaufen Sie mir welche ab, weil meine Mama mich sonst schimpft“. Dann verlor dieser Junge einmal sein Geld und wie immer kam er an meinem Haus vorbei und sagte weinend „leihen Sie mir sechs Pesos, weil ich sie verloren habe, und heute schlägt mich meine Mama, wenn ich nicht das ganze Geld mitbringe“. Meine Mama schenkte sie ihm, denn egal ob wir reich oder arm sind, wir sollten einander helfen und erst recht, wenn es ein Kind ist.

En cambio, cuando pasaba por mi casa un niño que vendía tortillas y ya casi no llevaba tortillas decía, cuando no le comprábamos “déle señora, cómpreme, es que mi mamá me regaña”. Después de eso al mismo niño se le perdieron los riales (dinero) y como siempre pasaba por la casa, llorando dijo “présteme seis pesos es que se me cayeron y hoy me pega mi mamá si no llevo completos los riales (dinero)”. Mi mamá se los regaló, porque seamos ricos o pobres debemos ayudar a los demás y más cuando es un niño o niña.

Los problemas con el alcohol muchas veces son subestimados…

Mir würde es sehr gefallen, wenn sich alles ändern würde und wenn alle Kinder und Jugendliche glücklich wären!!

Atol: Maisgetränk
Cuajadas: Frischkäse, isst man zusammen mit Reis und Bohnen.

Me gustaría que todo cambiara y que todos los niños, niñas y jóvenes seamos ¡¡felices!!.

Atol: bebida de maíz
Cuajadas: queso fresco, usualmente acompaña los platos de arroz y frijoles.

Ich kenne eine junge Frau und einen jungen Mann, sie sind ein Ehepaar und ich hörte, wie das Kind schrie und in den folgenden Tagen erschien es mit Verbrennungen, Blutergüssen und Platzwunden.

Mena (Filomena)
4. Klasse, Schule Mentora Rafaela Herrera

Was mir an meinem Viertel am besten gefällt, sind die vielen Bäume und dass ich schöne Landschaften sehen kann. Mir gefällt, dass es auf den Straßen nicht so viele Steine und nicht so viel Schlamm gibt und dass nicht so viele Autos fahren. Der Zustand der Straßen hat sich nur ein bisschen verbessert.

Mir gefällt nicht, dass mein Viertel sehr weit vom Stadtkern entfernt ist und es gibt sehr wenige Häuser und einige Straßen sind sehr schlecht.

Mir gefällt auch nicht, dass die Kinder nackt, barfuss und ungewaschen herumlaufen, und sie müssen arbeiten gehen, um sich einen Happen Essen zu verdienen. Und den Eltern ist es egal, sie gehen nicht arbeiten und schicken lieber die Kinder arbeiten. Ich halte das nicht für richtig, denn die Kinder müssen lernen und die Eltern müssen arbeiten, damit die Kinder essen.

Also ich kenne eine Frau, die schon älter ist, aber sie hat einen Haufen erwachsener Töchter, und diese arbeiten nicht, sie bleiben zu Hause und schicken die Kinder zum Arbeiten.

Was Fälle von Gewalt betrifft, kenne ich eine junge Frau und einen jungen Mann, sie sind ein Ehepaar, und ich hörte, wie das Kind schrie und in den folgenden Tagen erschien es mit Verbrennungen, Blutergüssen und Platzwunden. Ich glaube, dies passiert, weil die Ehepaare nicht gut miteinander auskommen und das an den Kindern auslassen.

Yo conozco a una muchacha y un muchacho, ellos son esposos y yo escuchaba cuando su niño gritaba y a los días siguientes aparecía con quemaduras, morados y heridas.

Mena (Filomena)
4to grado, Escuela Mentora Rafaela Herrera

Lo que más me gusta de mi barrio es que hay muchos árboles y puedo ver bellos paisajes. Me gusta que en la calle no hay tantas piedras, ni tanto lodo y que no pasan muchos carros. El estado de las calles ha mejorado sólo un poco.

No me gusta que mi barrio queda muy alejado del pueblo y que hay muy pocas casas y algunas calles están malas.

Tampoco me gusta que los niños andan desnudos y descalzos, sin bañarse y tienen que trabajar para ganarse un bocado de comida. Y a los padres eso no les importa, no van a trabajar y prefieren mandar a trabajar a los hijos. Yo pienso que eso no es correcto porque los niños tienen que estudiar y los padres tienen que trabajar para que los hijos coman.

Bueno yo conozco a una señora que ella ya está mayor pero tiene un montón de hijas ya adultas y ellas no trabajan, se quedan en la casa y mandan a trabajar a los niños.

En cuanto a casos de violencia, yo conozco a una muchacha y un muchacho, ellos son esposos y yo escuchaba cuando el niño gritaba y a los días siguientes aparecía con quemaduras, morados y heridas. Yo creo que eso ocurre porque los esposos no se llevan bien y se desquitan con los hijos.

Ich habe gelernt, dass die Menschenrechte sehr wichtig für das Leben der menschlichen Wesen sind und ich habe auch gelernt, dass es ein Gesetz ist, das eingehalten werden muss.

Ich würde die Behörden darum bitten, sich mehr um die Viertel und die Kriminalität und die Misshandlungen in Familien zu kümmern.

An die Kinder und Jugendlichen aus Nürnberg: Ich möchte ihnen sagen, dass sie lernen sollen, damit einmal etwas aus ihnen wird und dass sie auf ihre Eltern hören sollen und nicht den schlechten Weg der Drogen nehmen.

He aprendido que los derechos humanos son muy importantes para la vida de los seres humanos. También he aprendido que son leyes que se deben cumplir.

Yo les pediría a las autoridades de San Carlos que estén atentos a los problemas de los barrios, de la delincuencia y de los maltratos familiares.

A los niños y jóvenes de Núremberg: Yo quiero decirles que estudien para llegar a ser alguien en el futuro y que le hagan caso a sus padres y que no tomen el mal camino de las drogas.

Los concejales durante una reunión en el Ayuntamiento de San Carlos

Ich denke, dass es eine moralische Pflicht aller ist, zu versuchen, die Kinderarbeit auszurotten.

Mincho (Benjamin)
4. Klasse, Sekundarschule Cristo Rey

Meine Straße gefällt mir. Es gab Sanierungsarbeiten mit Vor- und Nachteilen, sie ist schön gepflastert mit Gehwegen, aber die Stadt hat uns *enttäuscht,* weil sie keine Abwasserkanäle in die Straße eingebaut haben. Die Autos fahren jetzt schnell vorbei.

In der Schule, in die ich gehe, bringen sie uns auch etwas über Schreinerei, Maurerei, Elektrizität, Näherei und Kochen bei. Ich

Pienso que es un deber moral de todos procurar erradicar el trabajo infantil.

Mincho (Benjamin)
4to grado, colegio Cristo Rey

Mi calle me gusta. Han habido obras de desarrollo con sus pro y sus contras. Está bonita, adoquinada, con andenes, pero la Alcaldía *nos falló* en no poner las aguas negras, el desagüe. Ahora los autos pasan a alta velocidad.

En el Colegio donde estudio nos dan preparación técnica en carpintería, albañilería, electricidad, costura, cocina. Me

A mis padres
les pediría algo:
un balón para jugar

finde es schade, dass es in der Schule kein Chemielabor und wenige Computer gibt. Ich weiß und ich denke, dass wir die Bildung mit unserer Bemühung verbessern können, um bessere Bedingungen zu schaffen.

Später möchte ich gerne ein Stipendium erhalten, um in Deutschland etwas mit Astronomie und Physik zu studieren.

Die Situation der Kinder in meinem Land ist traurig, weil sie Arbeiter sind und keine Kindheit haben, oft gehen sie nicht einmal in die Schule.

Wir haben keinen Jugendtreff, aber es gibt viele Bars, wo die Schwachen leicht beeinflusst werden.

Ich bin nicht gegen Kinderarbeit, aber nur solange sie in den eigenen vier Wänden passiert. Im Gegenzug denke ich, dass es eine moralische Pflicht aller ist, zu versuchen, die Kinderarbeit auszurotten. Ich kenne keine Kinder, die misshandelt werden, aber ich habe von einigen Fällen gehört, und das ist traurig für die eigene Familie.

Ich bin sehr glücklich und zufrieden mit meiner Familie, mit wirtschaftlichen Problemen wie alle Nicaraguaner, aber mit dem Glück, dass ich jemanden habe, der mich unterstützt und versteht, und

siento *apesarado* de que el colegio no cuenta con un laboratorio para química y tienen muy pocas computadoras. Sé y pienso que podemos mejorar más la educación con nuestro esfuerzo para crear mejores condiciones.

En el futuro me gustaría lograr una beca para estudiar en Alemania una carrera relacionada con astronomía y física.

La situación de los niños y niñas de mi país es triste, porque son trabajadores y no tienen niñez, muchas veces no asisten ni a la escuela.

Los jóvenes no contamos con centros de recreación aptos para jóvenes, pero abundan los bares donde los débiles son influidos fácilmente.

No estoy en contra del trabajo infantil, pero siempre y cuando se limite dentro de las cuatro paredes del hogar. De lo contrario pienso que es un deber moral de todos procurar erradicar el trabajo infantil. No conozco niños y niñas que sean maltratados, pero escucho algunos casos y lo más triste, por su misma familia.

Me siento muy feliz y contento con mi familia, con dificultades económicas como todo nicaragüense, pero con la dicha de tener quien me apoye y me entienda, y si tuviera la oportunidad de

wenn ich die Möglichkeit hätte, meine Eltern um etwas zu bitten, wäre das, dass sie mir mein Studium an der Universität sichern.

Was die Menschenrechte betrifft, haben wir in der Schule kurz darüber gesprochen, um das Thema zu verbreiten und um in der Gesellschaft als Mensch, Bürger und Familienmitglied gut zusammenleben zu können.

Die Behörden meiner Gemeinde bitte ich darum, dass sie ihre Arbeit besser machen, dass sie mit Liebe arbeiten, und so Verantwortung übernehmen. Ich beglückwünsche sie für das, was sie bis jetzt gemacht haben, aber das Volk braucht mehr.

Den Jugendlichen aus Nürnberg rate ich, die Vorteile ihres Landes bestmöglich zu nutzen.

pedirles algo a mis padres sería que me aseguren los estudios universitarios.

Referente a los derechos humanos lo abordamos como tema de estudio para promover su conocimiento y convivir en sociedad como persona, como ciudadano y como miembro de una familia.

A las autoridades de mi comunidad les pido que hagan mejor su trabajo, que lo realicen con amor y así aseguren cumplir bien su responsabilidad. Los felicito por lo que hasta el momento han hecho pero el pueblo necesita más.

A los jóvenes de Núremberg les insto a aprovechar al máximo las ventajas de su país.

Un chico de regreso a su casa con su coche de hielo

Ich möchte nur noch hinzufügen, dass ich gerne Freundschaft schließen möchte mit Jugendlichen aus Deutschland, um mich auszutauschen. Das ist alles, was ich erzählen wollte und bis bald. Danke.

Solamente quiero agregar que quiero hacer amigos con jóvenes de Alemania para intercambiar cultura. Es todo lo que quiero expresar y hasta pronto. Gracias.

Apesarado: traurig
Nos falló: Versprechen nicht zu halten bzw. Erwartungen zu enttäuschen

Apesarado: Triste, sentir mucha pena, mucho pesar.
Nos falló: No cumplieron con hacer algo que se esperaba.

Ich habe von solchen Fällen gehört und wenn ich einmal groß bin, würde ich gerne die Schuldigen kennen lernen, um sie zu bestrafen.

Necuhtic (Die Süße)
11 Jahre, 6. Klasse, Schule Juanita Vigil Sandino

Gut, an meinem Viertel gefällt mir nichts, weil die Leute sich wie Schweine verhalten. Meine Straße hat sich Gott sei Dank verbessert.

Gibt es etwas, das du an deinem Viertel verabscheust oder was dir gefällt?

Also ich verabscheue alles in meinem Viertel und das, was ich am meisten liebe, sind die Menschen, die mir Liebe geben.

Die Fächer, die mir am besten gefallen, sind Wissenschaft und Mathematik, aber Mathematik ist ein bisschen schwierig. Die Schule gefällt mir eigentlich nicht, aber es gefällt mir sehr, etwas zu lernen. Was mir an meiner Schule gefällt, ist die Lehrerin, die mich unterrichtet, und was mir nicht gefällt, sind die Jungs, die einen schlecht behandeln. Wir könnten das Lernen verbessern, indem wir den Kindern ein besseres Vorbild geben.

Schaut mal, ich kenne euch zwar nicht, aber ich biete euch meine Freundschaft an. Ich hoffe, ihr könnt meine Schrift lesen, weil mir vom Schreiben die Hand weh tut.

Die Kinder hier in San Carlos sind sehr tüchtig. Sie sind überall unterwegs und arbeiten. Die Jugendlichen und Kinder sind auch von der Gewalt betroffen, die es überall gibt und von den Morden etc.

He oído de esos casos que me gustaría, cuando sea grande, conocer a los culpables para darles su sentencia.

Necuhtic (Dulce)
11 años, 6to grado, Escuela Juanita Vigil Sandino

Bueno de mi barrio nada me gusta, porque la gente es muy cochina. Bueno, mi calle si ha mejorado gracias a Dios.

¿Hay algo que detesta, que te gusta de tu barrio?

Bueno lo que detesto es todo en mi barrio y lo que más amo es la gente que me da amor.

Las materias que más me gustan en la escuela son ciencias y matemática. Un poco pesada la matemática. La escuela casi nada, pero me encanta aprender. Lo que me gusta de mi escuela es la profesora que me instruye y lo que no me gusta es que los chavalos lo traten mal a uno. Podríamos mejorar el aprendizaje siendo un mejor ejemplo para los niños.

Miren no les conozco pero les compartiré mi amistad con ustedes. Espero que puedan entender mi letra, porque me duele la mano de escribir.

Los niños aquí en San Carlos son muy valerosos. Por todas partes pasan ellos trabajando. También a los jóvenes y niños les afecta la violencia que existe en todos lados y las muertes, etc.

Was denkst du über Kinderarbeit? Kennst du Kinder, die arbeiten?

Ja, ich kenne sehr viele Kinder mit diesem Problem, ich und meine Familie helfen ihnen, soweit wir können.

Gibt es etwas, das dir an deiner Familie nicht gefällt? Wenn du deine Eltern um etwas bitten könntest, was wäre das?

Gut, ich würde sie nicht um soviel bitten, weil sie mir nichts zum Geburtstag geschenkt haben. Ich würde mir von ihnen ein Fahrrad, Sandalen und neue *Anziehsachen* wünschen. Sie weisen mich nie zurück, aber sie konnten es mir nicht kaufen, weil sie Schulden hatten. Irgendwann würde ich diese Dinge schon gerne in meinen Händen halten, aber ich kann nicht.

Kennst du Fälle von Gewalt zwischen den Kindern?

Nein, aber ich habe von solchen Fällen gehört und wenn ich einmal groß bin, würde ich gerne die Schuldigen kennen lernen, um sie zu bestrafen. Die armen, unschuldigen Kinder suchen nur Liebe.

¿Qué piensas acerca del trabajo infantil? ¿Conoces niños, niñas que trabajan?

Si conozco millones de niños en esa dificultad yo y mi familia les ayudamos en lo que podemos.

¿Hay algo que no te gusta de tu familia? ?Si le pudieras pedir algo a tus padres que les pedirías?

Bueno no les pediría tanto porque para mi cumpleaños no me dieron nada. Les pediría una bicicleta, unas sandalias, una *mudada.* Nunca me rechazan, pero no me lo compraron, porque tenían deudas. Tal vez yo quisiera tener estas cosas en mis manos ya, pero no puedo.

¿Conoces casos de violencia entre niños y niñas?

No, pero si he oído de esos casos que me gustaría, cuando sea grande, conocer a los culpables para darles su sentencia. Con pobres niños inocentes, ellos solo buscan amor.

Hast du irgendeine Botschaft für die Kinder und Jugendlichen in Nürnberg?

Ja, dass ich sie alle sehr lieb habe.

Möchtest du den Kindern und Jugendlichen aus Nürnberg noch irgendetwas sagen?

Ja, dass ich, wenn wir uns eines Tages sehen werden, gerne meine Liebe, die ich für euch empfinde, mit euch teilen möchte.

Mudada: mittelamerikanischer Begriff für Kleidung: Rock und Bluse für die Frauen, Hose und Hemd für die Männer.

¿Tienes algún mensaje para los niños, niñas, jóvenes de Núremberg?

Si, que los amo a todos por igual.

¿Tienes algo más que decir a los niños, niñas y jóvenes de Núremberg?

Si, que si algún día nos miráramos, quisiera compartir algo de mí, de mi amor que siento por ustedes.

Mudada. Ropa completa, falda y blusa para mujeres, pantalón y camisa para hombres.

Wegen dieser Armut gibt es Kinder, die nicht lernen und die in sehr jungen Jahren arbeiten gehen müssen und die von den Erwachsenen betrogen werden und ihnen Geld anbieten. Die Mädchen werden vergewaltigt, andere prostituieren sich.

Nonoy (Leonora)
9 Jahre, 4. Klasse, Schule Heiliges Herz Jesu

Das Viertel ist sehr schön, sauber, ich habe viele Freunde und es ist sehr fröhlich.

An meiner Schule mag ich den Computerraum und den Ballspielplatz am liebsten. Wenn ich mit der Schule fertig bin, werde ich an der Universität Medizin studieren, weil ich Ärztin werden will, um viele Leben retten zu können. Meine Schule hat wenig Geld, es gibt keine Bibliothek, kein Labor, etc. Wenn wir all dies hätten, wäre das Niveau der Ausbildung besser.

Eines der Probleme in unserem Land ist die Armut und deswegen haben wir keine Ausbildungszentren, Parks, Bibliotheken, was für uns, die Schüler, sehr wichtig ist.

Wegen dieser Armut gibt es Kinder, die nicht lernen und die in sehr jungen Jahren arbeiten gehen müssen und die von den Erwachsenen betrogen werden und ihnen Geld anbieten. Die Mäd-

Por la misma pobreza existen niños que no estudian y tienen que trabajar a muy temprana edad y por eso muchos de ellos son engañados por los mayores que les ofrecen dinero, las niñas son violadas, otras se prostituyen.

Nonoy (Leonora)
9 años, 4to grado, Colegio Sagrado Corazón de Jesús

Es un barrio muy bonito, limpio, tengo muchos amigos y es muy alegre.

Lo que mas me gusta del colegio es el aula de computación y la cancha. Una vez que termine mis estudios en la escuela, iré a estudiar Medicina en la universidad, ya que yo quiero llegar a ser una doctora, para poder salvar muchas vidas. Mi colegio es muy pobre, no cuenta con biblioteca, laboratorio y otros. Si tuviéramos todo esto el nivel de aprendizaje sería mayor.

Uno de los problemas de nuestro país es la pobreza y por eso no tenemos centros educativos, parques, bibliotecas, que son muy necesarios para nosotros los estudiantes.

Por la misma pobreza existen niños que no estudian y tienen que trabajar a muy temprana edad y por eso muchos de ellos son engañados por los mayores que les ofrecen dinero, las

chen werden vergewaltigt, andere prostituieren sich. Die Jungen gleiten in die Welt der Laster, der Drogen, des Alkohols und der Gewalt ab.

Gott sei Dank, dass ich Eltern habe, die sehr gut zu mir sind, mich lieben und die sich immer um mich kümmern und mich so gut sie können unterstützen. Ich habe Familien kennen gelernt, wo die Kinder kein Vertrauen zu den Eltern haben, um ihnen ihre Probleme zu erzählen und deswegen finden sie nur schlechte Freunde, die nicht in Ordnung sind.

In Nicaragua gibt es ein Kinderschutzgesetz, aber... leider hält sich keiner daran.

Die Bürgermeisterin von San Carlos hat sehr gut gearbeitet und hat aus diesem Ort eine gute Stadt gemacht, aber es gibt noch viel zu tun.

Ich würde die Behörden und das ganze Volk bitten, dass wir eine Einheit bleiben und das Land sauber halten und einen Park für die Kinder und Jugendlichen bauen. Die Bürgermeisterin würde ich darum bitten, vier weitere Jahre zu regieren.

niñas son violadas, otras se prostituyen. Los varones entran al mundo de los vicios, las drogas, licor y violencia.

Gracias a Dios que tengo unos padres muy buenos que me aman y siempre se preocupan por mi y me apoyan en todo en que ellos pueden. He conocido familias donde los niños no tienen confianza con sus padres para contarles sus problemas y por eso así solo encuentran malos amigos, incorrectos.

En Nicaragua existe una ley de protección a los niños pero... fatalmente no se cumple.

La alcaldesa de San Carlos ha trabajado muy bien y ha transformado el pueblo en una buena ciudad, pero hace falta bastante por hacer.

Yo les pediría a las autoridades y a todo el pueblo que estemos unidos y que mantengamos limpio el pueblo y que construyan un parque para los niños. Le pediría a la alcaldesa que se quede gobernando cuatro años más.

Si yo tuviera a mi padre
le pediría que nos ayude
a componer la casa

Die Kinder aus Nürnberg lade ich ein, dieses wunderschöne Land zu besuchen, besonders San Carlos, was wunderschön ist und eine wunderschöne Landschaft mit viel frischer Luft und vielen netten Menschen hat.

Komm und überzeuge dich!
Ciao.

Die größten Probleme sind, dass einige Straßenkinder nicht genug essen und dass die Jugendlichen Drogen nehmen.

Pipilacha (Schmetterling)
10 Jahre, 4. Klasse, Schule Mentora Rafaela Herrera

In meinem Viertel gefallen mir der Platz und die Straße. Mein Viertel hat sich verbessert, aber es gibt immer noch viel Steine.

Ich würde gerne Ärztin oder Kindermädchen werden. Was mir an meiner Schule missfällt, ist, dass wir viel geschimpft werden. Unsere Ausbildung könnte sich verbessern, wenn wir schlau sind, lernen und sie uns alles gut beibringen.

Die größten Probleme sind, dass einige Straßenkinder nicht genug essen und dass die Jugendlichen Drogen nehmen. Viele Kinder sind der Gefahr ausgesetzt, ermordet zu werden, wenn sie einen Fehler begehen oder ein Problem verursachen.

Ich denke, dass Kinderarbeit sehr ungerecht ist, weil es schlecht für alle ist. Viele Kinder, die ich kenne, putzen Schuhe, verkaufen Eis und viele suchen Arbeit als Gemüseverkäufer oder sind auf den Landstraßen als Kassierer *in den Bussen unterwegs.*

Andar en rutas: die Kinder helfen den Busfahrern, indem sie die Haltestellen ausrufen und das Fahrgeld einsammeln.

A los niños de Núremberg les invito a visitar este lindo país y en especial a San Carlos, que es muy lindo, que tiene una naturaleza muy linda y variada, con mucho oxigeno y gente muy amistosa.

Ven y te convencerás!
Chau.

Los principales problemas son que algunos niños que están en la calle no comen bien y los jóvenes están en las drogas.

Pipilacha (Mariposa)
10 años, 4to grado, Escuela Mentora Rafaela Herrera

De mi barrio me gusta el espacio y la calle. Mi barrio ha mejorado pero todavía hay montón de piedras.

Hay algo que me gustaría aprender, como ser doctora o niñera. Lo que me disgusta de mi escuela es que mucho nos regañan. Se podría mejorar el aprendizaje siendo inteligentes, que estudiemos, y que nos enseñen bien.

Los principales problemas son que algunos niños que están en la calle no comen bien y los jóvenes están en las drogas. Muchos niños están en peligro, pueden matarlos cuando cometen un error y también cuando cometen un problema.

Yo pienso que es muy injusto el trabajo infantil, porque es malo para todos. Hay muchos niños que yo conozco, unos trabajan de lustrar zapatos, de vender agua helada y muchos buscan trabajo como vender verduras o *andar en rutas.*

Andar en rutas: trabajar como cobrador en los buses anunciando las paradas y cobrando el pasaje.

Meine Mama würde ich um nichts bitten, weil sie mir alles gibt, was sie kann, und das macht sie von Herzen und mit viel Liebe und ich bin sehr glücklich bei mir zu Hause!

Quecha (Lucrecia)
17 Jahre, 5. Klasse Sekundarschule

Hallo liebe Leser. Ich bin ein junges Mädchen von 17 Jahren und bin in der 5. Klasse der Sekundarstufe.

Am meisten gefällt mir an meiner Straße, dass sie sehr befahren ist. Außerdem, wenn Veranstaltungen am Uferplatz in der Nähe meines Hauses stattfinden, kann ich alles sehen.

Meine Straße besteht aus Zementblöcken und ist in einem guten Zustand. Was mir nicht gefällt, sind die tratschenden Leute in meinem Viertel, die uns schlecht machen wollen.

An meiner Schule gefällt mir am besten, dass sie groß ist und von Bäumen umringt.

Später möchte ich einmal eine erfolgreiche berufstätige Frau werden. Mich interessieren Medizin, internationale Beziehungen und Journalismus. Meine Schule ist ein bisschen alt und sie gefällt mir nicht, weil sie sehr heruntergekommen ist.

A mi mamá yo no le pediría nada, porque ella me da todo lo que puede y lo hace de corazón y con amor y en mi casa soy muy feliz!

Quecha (Lucrecia)
17 años, 5to de secundaria

Hola queridos lectores. Yo soy una joven de 17 años de edad, estudio el 5to. año de secundaria.

Lo que más me gusta de mi calle es que es muy traficada. Además cuando se realizan actividades se hacen en el Malecón que está cerca de mi casa, y puedo ver todo.

Mi calle es de bloques y está en buen estado. Lo que no me gusta de mi barrio es que hay gente chismosa que viven encima de uno.

Lo que más me gusta de mi colegio es que es grande y está rodeado de árboles.

En el futuro me gustaría ser una profesional con mucho éxito, me gusta la carrera de medicina, relaciones internacionales y periodismo. Mi colegio es muy viejito y no me gusta porque está muy deteriorado.

"¡Vivan la vida, y que la vida no viva de ustedes!"

Die Situation der Kinder und Jugendlichen in San Carlos ist in einigen Fällen sehr schwierig, und das Hauptproblem ist die Wirtschaft. Viele verkaufen Dinge auf der Straße, ich glaube, dass die Kinderarbeit nicht erlaubt sein sollte, da sie sehr gefährlich ist.

In meiner Familie gibt es keine Probleme. Wir verstehen uns alle gut. Meine Mama würde ich um nichts bitten, weil sie mir alles gibt, was sie kann, und das macht sie von Herzen und mit viel Liebe und ich bin sehr glücklich bei mir zu Hause!...

Ich habe schon von den Menschenrechten gehört, wo unsere Rechte geltend gemacht werden, und die uns sagen, dass wir alle die gleichen Rechte haben. Alle gleich, ohne jegliche Diskriminierung.

Meine Nachricht an die Kinder und Jugendlichen aus Nürnberg ist, dass sie lernen, Sport machen und sich gesund vergnügen sollen. Lebt das Leben, auf dass das Leben nicht von euch lebt.

Es verabschiedet sich von euch, eure Freundin

Quecha

En San Carlos la situación de las niñas, niños, jóvenes en algunos casos es muy difícil y el principal problema es la economía. Muchos salen a vender a las calles, yo creo que el trabajo infantil no debería ser permitido porque es muy peligroso.

En mi familia no tenemos problemas. Todos nos llevamos bien. A mi mamá yo no le pediría nada, porque ella me da todo lo que puede y lo hace de corazón y con amor y en mi casa soy muy feliz!...

Yo he escuchado de los derechos humanos, que es donde hacen valer nuestros derechos y nos dicen que tenemos igual derechos. Todo por igual, sin discriminación alguna.

Mi mensaje para las niñas, niños y jóvenes de Núremberg es que estudien, practiquen deportes y que se diviertan sanamente y ¡Vivan la vida, y que la vida no viva de ustedes!

Se despide de ustedes su amiga

Quecha

Debido a trabajos de renovación, estos niños recibieron sus clases afuera, durante meses

Ich kenne viele Fälle von Gewalt an Kindern

Quetzalcayotl (Die Hübsche)
4. Klasse

Mir gefällt meine Straße überhaupt nicht, weil niemand seinen Hof sauber macht und auch nicht die Straße. Einige Straßen wurden schon ausgebessert. Ich hasse es, dass sie den Abfall nicht in die Behälter, sondern auf die Straße werfen.

Mir gefällt der Spanischunterricht, auch Sozialkunde, weil wir hier viel schreiben. Ich möchte gerne Informatik studieren.

Meine Schule gefällt mir nicht, weil sie keinen Spaß macht, und man könnte sie verbessern, indem man eine Rutschbahn, eine Wippe und einen Ballspielplatz baut, wo alle Kinder spielen können.

Alle Kinder und Jugendlichen in San Carlos arbeiten, um das Essen für jeden Tag, das tägliche Brot, kaufen zu können. Ich denke, dass sie sehr jung sind und dass sie nicht arbeiten sollen, weil es für sie sehr gefährlich ist; ich kenne viele arbeitende Kinder, die Fisch, Tortillas, *Enchiladas, Repochetas* verkaufen.

Ich kenne viele Fälle von Gewalt an Kindern, z.B. der Onkel einer gerade Fünfjährigen, der sie vergewaltigte und ich denke, dass er das für Geld oder aus Rache getan hat.

In meinem Haus gibt es alles, was mir gefällt, es gibt nichts, was mir nicht gefällt.

Über die Menschenrechte habe ich viel gelernt, ich weiß ein paar, nicht alle, z.B. das Recht auf Leben, Freiheit, etc.

Ich würde die Behörden von San Carlos bitten, dass sie die Gesetze und die Normen für ein friedliches Zusammenleben einhalten, die wir alle einhalten sollten.

Von den Kindern und Jugendlichen aus Nürnberg würde ich mir wünschen, dass sie mir einen Brief schreiben, wie es dort ist, wo sie leben, und dass sie mir ein Bild malen und mir beschreiben, was sie an ihrem Viertel am liebsten mögen.

Conozco muchos casos de violencia infantil

Quetzalcayotl (Hermosura)
4to grado

No me gusta nada mi calle, porque nadie limpia su patio, ni la calle. Algunas calles si han mejorado. Detesto que no echen la basura en su lugar, sino en la calle.

Me gusta la clase de español, también la clase de ciencias sociales, porque es mucho lo que se escribe en esa clase. A mí me gustaría ser una licenciada en computación.

Mi escuela no me agrada porque no hay diversión y se podría mejorar si ponen un *chino,* un sube y baja y una cancha normal, donde todos los niños y niñas puedan jugar.

Todos los niños, niñas y jóvenes de San Carlos trabajan para comprar el diario, el pan de cada día. Yo pienso que son muy pequeños y no deben trabajar, porque es muy peligroso para ellos. Conozco muchos niños que trabajan, que venden pescado, tortillas, *enchiladas, repochetas.*

Conozco muchos casos de violencia infantil. Por ejemplo el tío de una niña de tan solo cinco años que la violó y pienso que fue por dinero o venganza.

En mi casa hay todo lo que me gusta, no hay nada que no me guste.

Sobre los derechos humanos he aprendido mucho, sé algunos, no todos, por ejemplo el derecho a la vida, a la libertad, etc.

Le pediría a las autoridades de San Carlos que cumplan con las leyes y normas de convivencia que todos debemos practicar.

A los niños, niñas y jóvenes de Núremberg, deseo que me escriban una carta de cómo es allá donde viven, describiéndome en un dibujo, las cosas preferidas de su barrio.

Enchilada: gebackener Teigfladen, gefüllt mit Reis und Hackfleisch. Wird mit Tomate und Kohl gegessen.
Repocheta: Teigfladen mit Käsecreme. Wird in Butter gebraten und mit Kohlsalat gegessen.

Weil die Jungen und Mädchen das nicht verdient haben. Nein zur Kinderarbeit!

Tana (Sebastiana)
11 Jahre, 6. Klasse, Schule Juanita Vigil Sandino

¡No al trabajo infantil!

Sehr geehrte Damen und Herren....
Hallo! Guten Tag!

Was mir am meisten gefällt, ist, wie die Leute ihre Sachen teilen, wie zum Beispiel meine Freundinnen und Nachbarn, und wie sie das Viertel sauber halten und die Straßen pflastern.
Die Straße meines Viertels hat sich sehr verbessert, früher waren die Straßen hässlich, mit vielen Steinen und nun wurden Gott und der Bürgermeisterin sei Dank die Straßen sehr verbessert, die Straßen sind gepflastert und mein Viertel sieht jetzt sehr hübsch aus.

Enchilada: Masa de harina frita, rellenada con arroz y carne molida. Se sirve con tomate y repollo.
Repocheta: Tortilla hecha con crema de queso. Se fríen en mantequilla y se sirve con ensalada de repollo.

Porque los niños y niñas no merecen esto. No al trabajo infantil!

Tana (Sebastiana)
11 años, 6to grado, Escuela Juanita Vigil Sandino

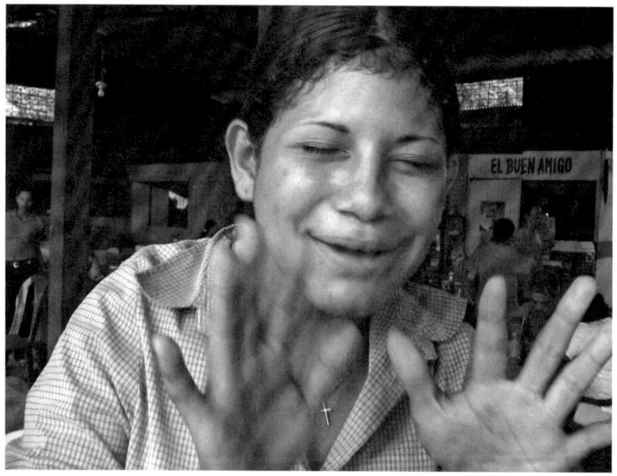

Estimados Señores...
Hola! Buenas tardes!

A mí, lo que más me gusta es como la gente comparte cosas como amigas, mis vecinos, y como limpian el barrio y adoquinan las calles.
La calle de mi barrio ha mejorado mucho, las calles antes eran feas con muchas piedras y ahora gracias a Dios y a la Alcaldesa han mejorado mucho las calles, las calles están adoquinadas y se ve muy bonito ahora mi barrio.

Ich hasse etwas an meinem Viertel – und zwar, dass die Leute über andere intime Sachen tratschen. Ich hasse es auch, wenn sie den Müll auf die Straße werfen und man im Morgengrauen die Straße von Müll gespickt vorfindet.

Yo detesto algo de mi barrio, en donde la gente dice chismes íntimos acerca de otros. Yo detesto también cuando botan la basura en la calle y amanece floreada la calle de basura.

Ich bin 10 Jahre alt, aber ich werde schon bald 11. An meiner Klasse gefällt mir am besten, wenn uns die Lehrerin Adrey Alvarado über die Erziehung, die Bürgerbeteiligung und in allem über das Bildungswesen unterrichtet.
Wenn ich einmal groß bin, möchte ich Karriere machen, als Architektin arbeiten. Eine Architektin ist eine Person, die davon lebt, verschiedene Häuser zu entwerfen.
Was mir an meiner Schule nicht gefällt, ist, wenn die Schüler vor den Lehrern und genauso vor der Direktorin keinen Respekt haben. Der Unterricht könnte verbessert werden, wenn wir uns mehr um unsere Pflanzen kümmern, und uns gegenseitig und ebenso die Lehrerin respektieren würden.

Tengo 10 años pero ya cumplí los 11. Lo que más me gusta de mi aula es cuando la profesora Adrey Alvarado nos enseña acerca de la educación, la participación ciudadana y todo acerca del estudio. Cuando sea grande, yo quiero tener una carrera, un trabajo de arquitectura. Una arquitecta es una persona que vive haciendo diferentes casas.

A mí, lo que no me agrada de mi escuela es cuando los alumnos le faltan el respeto a la profesora al igual que a la directora. El aprendizaje se podría mejorar cuidando nuestras plantas y respetándonos los unos a los otros igual que a la profesora.

Die Mehrzahl der Jungen und Mädchen von San Carlos arbeitet: sie verkaufen Tortillas, Limonen, Bananen, *pozol,* etc. Aber... ich frage mich: Wo sind wohl ihre Eltern?

Eines ihrer Hauptprobleme ist, dass die Eltern keine Arbeit haben und dies stattdessen die Kinder machen lassen. Ich rede nicht gerne über die Kinderarbeit. Ich kenne viele Kinder, die arbeiten.

Mir gefällt alles in meinem Zuhause, mich stört nichts, und wenn ich meine Eltern um etwas bitten könnte, dann um Folgendes:
a) dass die Jungen und Mädchen keinen Hunger leiden müssen
b) und dass sie ihnen täglich die Sachen, die sie verkaufen, abkaufen.

La mayoría de los niños de San Carlos trabajan, venden tortillas, limones, platanitos, pozol etc. Pero... yo me hago una pregunta: ¿Dónde estarán sus padres?

Un problema principal que les afecta es que los padres no tienen trabajo y ponen a los niños a hacerlo en vez de ellos. No me gusta hablar acerca del trabajo infantil. Conozco muchos niños que trabajan.

A mí, todo lo que hay dentro de mi casa me gusta, no rechazo nada y si pudiera pedirles algo a mis padres les pediría:
a) que los niños y niñas no sufran de hambre
b) y que les compren a diario las cosas que venden.

Jóvenes de Núremberg y San Carlos rompiendo el hielo!

In meinem Haus gibt es keinen Fall von Gewalt und ich finde auch keinen Grund, das zu zerstören. Ich habe über die Menschenrechte gelernt; es sind Normen, die das Leben der Menschen regeln. Wir Kinder haben Recht auf:
a) Leben
b) Gesundheit
c) gesunde Erholung
d) Bildung

Also, die Behörden von San Carlos würde ich um Folgendes bitten:
1) dass die Kinder, die arbeiten, nicht mehr Hunger leiden
2) dass sie alle Straßen in San Carlos pflastern
3) dass in den Vierteln Friede und nicht Gewalt herrscht
4) dass die Kinder auf der Straße nicht hart arbeiten müssen.

Ich habe eine Nachricht für die Kinder von Nürnberg: Seid nicht wie die Kinder von San Carlos und gebt auf eure Gesundheit acht. Ich möchte noch etwas schreiben: Ich hoffe, dass sich dieser Zustand verbessert.

Pozol: Getränk aus Mais und Kakao.

En mi casa, no hay ningún caso de violencia y no hallo motivos para arruinar esto. He aprendido sobre los derechos humanos que son normas que rigen la vida de las personas. Nosotros los niños tenemos derecho a:
a) la vida
b) la salud
c) una recreación sana
d) al estudio

Bueno, a las autoridades de San Carlos yo les pediría esto:
1) que los niños y niñas que trabajan no sufran más de hambre
2) que adoquinen las calles de todo San Carlos
3) que reine la paz y no la violencia sobre los barrios
4) que los niños que vengan en camino no trabajen duro.

Yo tengo un mensaje para los niños de Núremberg: que no sean como los niños de San Carlos y que cuiden de su salud. Yo tengo algo más que escribir: Espero que este estado mejore.

Pozol: bebida típica de maíz y cacao.

Eines der größten Probleme ist, dass die Kinder, wenn sie krank sind, nicht ins Krankenhaus gebracht werden; deshalb sterben die Kinder und Jugendlichen.

Tano (Cayetano)
11 Jahre, 6. Klasse, Schule Juanita Vigil Sandino

Am besten gefällt mir an meinem Stadtteil, dass die Straßen ziemlich verbessert wurden, denn früher war es dort hässlich, jetzt wird es aber schön.

Ich mag es nicht, dass es in meiner Straße so viele Gräben und Steine gibt, ich hasse das.

An meiner Schule mag ich, dass sie uns Fußball spielen lassen. Ich mag den Sozialkundeunterricht, weil wir viel über den Fluss Río San Juan lernen. Was mir nicht gefällt, ist, dass einige meiner Freunde *Gaunertypen* sind.

Uno de los principales problemas es que a los niños cuando tienen enfermedades no los llevan al hospital y por eso es que los niños y jóvenes mueren.

Tano (Cayetano)
11 años, 6to grado, Escuela Juanita Vigil Sandino

Lo que más me gusta de mi barrio es que las calles han mejorado bastante porque antes allí era feo, ahora está quedando bonito.

No me gusta que en mi calle hay bastantes zanjas y piedras, yo detesto eso.

De mi colegio me gusta que nos dejan jugar fútbol. Me gustan los estudios sociales porque aprendemos bastante sobre el Río San Juan. Lo que no me gusta es que algunos amigos son *fregadores.*

Internet existe desde hace poco tiempo en San Carlos

Eines der größten Probleme ist, dass die Kinder, wenn sie krank sind, nicht ins Krankenhaus gebracht werden; deshalb sterben die Kinder und Jugendlichen.

Ja, ich kenne einige Kinder, die Tortillas verkaufen gehen. Diese Kinder sind arm dran, denn ihre Mama braucht Geld, und deshalb werden sie zum Verkaufen geschickt.

In meinem Zuhause finde ich alles schön. Meine Eltern würde ich um eine Sache bitten: einen Fußball zum Spielen.
Ich habe von Gewaltfällen gehört, kenne jedoch keine.
Die Familienbehörden würde ich bitten, dass das Familienministerium in die Dörfer geht und etwas tut, damit diese verlassenen Kinder eine Familie bekommen.

Den Nürnberger Kindern kann ich keinen Rat geben, weil ich sie nicht kenne. Wenn sie mir eine Antwort schicken, könnte ich ihnen noch einmal schreiben.

Uno de los principales problemas es que a los niños cuando tienen enfermedades no los llevan al hospital y por eso es que los niños y jóvenes mueren.

Si conozco algunos niños que trabajan vendiendo tortillas. Pobres esos niños, porque su mamá necesita dinero, y por eso es que los mandan a ellos a vender.

Todo me gusta dentro de mi casa. A mis padres les pediría algo: un balón para jugar.
No conozco pero sí he escuchado de casos de violencia.
A las autoridades de la familia les pediría que el Ministerio de la Familia pudiera salir a las comunidades e hiciera lo posible para que los niños abandonados tengan una familia.

No tengo ningún consejo para los niños de Núremberg porque no los conozco. Cuando me manden de vuelta un mensaje yo les podría volver a escribir.

Ich möchte, dass San Carlos ein gesunder Bezirk ist, ohne Gewalt, ohne Armut, ohne Kriminalität...

Teté (Esther)
13 Jahre, 4. Klasse, Schule Mentora Rafaela Herrera

Was mir an meinem Viertel am besten gefällt, ist, dass die Leute den Müll auf den vorgeschriebenen Platz werfen und die Straßen sauber sind. Als ich in das Viertel zog, waren die Straßen schon gebaut, aber ich habe beobachtet, dass sich mein Viertel in seiner Sauberkeit verbessert hat. Die Straßen sind sauber und die Rinnsteine ohne Müll. Kürzlich gingen die Schüler der staatlichen Sekundarschule in bestimmten Vierteln aufräumen.

Was ich am meisten hasse an meinem Viertel, ist, dass die Mehrheit der Leute so klatschsüchtig ist und es ihnen gefällt, andere Leute in Probleme zu bringen.

Ich möchte, dass San Carlos ein gesunder Bezirk ist, ohne Gewalt, ohne Armut, ohne Kriminalität, damit dieser Bezirk am Río San Juan 100% nica ist und die Leute, die in diesem Bezirk leben, Nicaraguaner sind.

Meine Lehrerin heißt Reyna Martinez. Am besten an meiner Schule gefällt mir, dass die Lehrerin uns viel in Mathematik beibringt und auch, dass die Mehrheit der Schüler intelligent und gehorsam ist. Aus diesem Grund bin ich stolz darauf, an der Schule Mentora Rafaela Herrera zu sein, der exzellentesten von San Carlos.

Es gibt nichts in meiner Schule, das mir nicht gefällt, weil alle Lehrer und Direktoren die Ordnung im Schulzentrum durchsetzen und ihre Versprechen einhalten.

Der Unterricht könnte verbessert werden, wenn man Folgendes täte: Die Schüler zur Ordnung rufen. Die LehrerInnen erfüllen ihre Pflicht, nämlich Unterricht zu halten. Die Schüler sollten ihre Aufgaben ordentlich und sauber erledigen und gehorsam gegenüber den Lehrern sein, denn diese sind unsere zweiten Eltern.

Ich wünsche mir für meine Zukunft, mein Abitur zu machen. Ich möchte gerne Chefsekretärin werden, um eine vollwertige Person zu sein und Kontakt mit allen Leuten zu haben, und ich werde

Yo quiero que San Carlos sea un departamento sano, sin violencia, sin pobreza, sin delincuentes...

Teté (Ester)
13 años, 4to grado, Escuela Mentora Rafaela Herrera

Lo que más me gusta de mi barrio es que la gente echa su basura en el lugar indicado y las calles son aseadas. Cuando yo llegué a vivir en "El Proyecto" la calle ya estaba construida pero yo he observado que mi barrio ha mejorado con su limpieza. Las calles y las cunetas están limpias, sin basura. Un día de estos los alumnos del Instituto anduvieron haciendo limpieza en ciertos barrios.

Lo que más detesto de mi barrio es que la mayoría de las personas son chismosas y les gusta meter en problema a los demás.

Yo quiero que San Carlos sea un departamento sano, sin violencia, sin pobreza, sin delincuentes para que este departamento sea Río San Juan, 100% nica y la gente que habita en este departamento sean nicaragüenses.

Mi maestra se llama Reina Martinez. Lo que más me gusta en mis estudios es que la maestra nos enseña mucho la clase de matemáticas y también que la mayoría de los alumnos son inteligentes y obedientes. Por esa razón me siento orgullosa de estudiar en la escuela Mentora Rafaela Herrera, la excelente de San Carlos.

De mi escuela a mí no me disgusta nada, porque todos los maestros y directores ponen el orden dentro del centro y son ordenados con su compromiso.

El aprendizaje se podría mejorar haciendo lo siguiente: Poner en orden a los alumnos(as) del centro. Los maestros(as) cumplen con su compromiso de ir a dar clases. Los alumnos cumplir con el orden, las tareas y ser obediente con los maestros, porque ellos son nuestros segundos padres.

Yo deseo en mi futuro bachillerarme, deseo ser una secretaria ejecutiva para poder ser una persona completa y tener contacto

El trabajo que hacen los niños a diario, obstaculiza que puedan ir a la escuela

nicht erlauben, dass man mich beim Vornamen nennt, sondern ich werde nur erlauben, dass man mich mit Sekretärin anspricht.

Die Kinder von San Carlos sind fleißig und die Mütter schicken sie zum Verkaufen, um Essen kaufen zu können. Die Kinder von San Carlos sind arm, laufen barfuss und betteln um Geld. Die hauptsächlichen Probleme, welche die Kinder und jungen Erwachsenen betreffen, sind, dass sie rauchend durch die Straßen laufen und nichts haben, wo sie schlafen können und das verursacht Probleme für San Carlos und die ganze Welt.

Die Kinderarbeit ist gut, aber verursacht manchmal auch Probleme, wenn die sehr kleinen Kinder schwer tragen und sich einen Bruch heben. Die Kinderarbeit ist andererseits gut, wenn die Eltern ihre Kinder zur Schule schicken, um etwas zu lernen. Ich kenne viele Kinder, die in vielen Bereichen arbeiten.

Was mein Zuhause und meine Familie betrifft: Ich lehne den Schmutz ab. Es gefällt mir, mein Zimmer sauber, mein Bett ge-

con todas las gentes y no voy a permitir que me llamen solo con mi nombre. Yo voy a permitir que me llamen Secretaria.

Los niños de San Carlos son trabajadores y las madres los mandan a vender para poder alimentarse. Los niños son pobres, caminan descalzos y caminan pidiendo reales. Los principales problemas que les afectan a los niños, jóvenes y adultos es cuando andan en la calle fumando, no tienen donde dormir y eso causa problemas para San Carlos y todo el mundo.

El trabajo infantil es bueno, pero también causa problemas en algunos niños, cuando los niños más pequeños cargan mucho y allí les sale una hernia. El trabajo infantil es bueno por otra parte cuando los padres mandan a los niños a la escuela a estudiar. Yo conozco a muchos niños que trabajan en muchas cosas.

En cuanto a mi casa y mi familia: Yo rechazo la suciedad, a mí me gusta tener mi cuarto limpio, arreglada mi cama, tener una

macht, das Wohnzimmer sauber zu haben, aber manchmal bin ich zu faul zum Putzen, aber wenn ich nicht putze, ist das Haus dreckig und das verabscheue ich. Worum ich meine Eltern bitten würde, ist, dass sie mir gutes Benehmen und gute Manieren beibringen, um Danke, Entschuldigung, Verzeihung zu sagen. Und ich würde sie auch bitten, dass sie mich sofort in die Sekundarstufe einschrieben.

Ich habe Fälle von Gewalt von Brüdern gegen Brüder kennen gelernt. Dies passiert, weil die Behörden nicht in die Gänge kommen, um das Problem zu lösen, welches Gewalt und Armut verursacht.

Ich habe zu Hause und innerhalb und außerhalb meiner Schule von den Menschenrechten gehört. Ich will sie aufzählen:

1. Das Recht auf Leben
2. Das Recht auf Freiheit
3. Das Recht auf Gleichberechtigung
4. Das Recht auf Sicherheit
5. Das Recht auf Bildung
6. Das Recht, unsere Meinung zu sagen
7. Das Recht auf Frieden und Ruhe
8. Das Recht auf Gerechtigkeit
9. Das Recht, in unserer Würde angesehen zu sein.

sala limpia, pero a veces me da pereza limpiar, pero si no limpio la casa se verá sucia. Eso yo rechazo. Lo que yo les pidiera a mis padres es que me enseñen mucha educación y aprender buenos modales para decir ¡gracias!, ¡perdón!, ìcon permisoî. Y también les pediría que me matriculen de inmediato en el centro de educación secundaria.

He conocido casos de violencia de hermanos contra hermanos. Esto ocurre ahora porque las autoridades *no se ponen las pilas a* resolver ese problema que causa violencia y pobreza.

Yo he escuchado sobre los derechos humanos y los voy a enumerar:

1. El derecho a la vida
2. El derecho a la libertad
3. El derecho a la igualdad
4. El derecho a la seguridad
5. El derecho a la educación
6. El derecho a expresarnos, a dar nuestra opinión
7. El derecho a la paz y la tranquilidad
8. El derecho a la justicia
9. El derecho a ser considerado en nuestra dignidad.

Die Stadtverwaltung würde ich um Folgendes bitten: Dass sie die Ordnung herstellen gegenüber den Herumhängern, Dieben, Vergewaltigern, Betrunkenen, etc. Auch dass sie über unsere Gemeinde wachen. Die Verwaltung ist wie der Kopf eines Körpers von einer Gruppe aus Familie oder Gesellschaft, dessen Aufgabe es ist, über die Sicherheit seiner Mitglieder zu wachen.

A las autoridades de San Carlos yo les pediría lo siguiente: A que pongan el orden contra los vagos, ladrones, abusadores, borrachos, etc. También que velen por nuestra comunidad. La autoridad es como la cabeza principal de un cuerpo, de un grupo de familia o sociedad cuyos deberes son velar para la seguridad de sus miembros.

Den Kindern von Nürnberg schicke ich eine Umarmung und einen Kuss. Damit zeige ich ihnen meine Zuneigung, obwohl ich sie nicht kenne, aber ich empfinde Zuneigung für sie, weil sie sehr nett sein müssen, so wie ich auch sehr nett bin. Deswegen denke ich, dass sie liebevoll mit ihren Eltern, Brüdern, Schwestern, Onkeln, Tanten etc. sind. Außerdem werden sie eine gute Erziehung und gute Manieren haben, denn das ist schön für mich und die anderen Kinder.

A los niños de Núremberg yo les mando un abrazo y un beso. Con eso les demuestro mi cariño aunque no los conozca, pero tengo mi cariño para ellos, porque ellos deben de ser amables, como yo soy amable. Por eso yo pienso que ellos son cariñosos con sus padres, hermanos, tíos, tías, etc. Además deben de tener buena educación y buenos modales, porque aprender buenos modales es muy bonito para mi y para los demás niños.

Ich möchte noch weitere Dinge schreiben wie Folgendes: Ich möchte, dass die Kinder auf der Straße nicht barfuss und ohne Kleidung, rumlaufen. Ich möchte, dass die Kinder ein Ersatzzuhause haben und in einer Familie leben und dass sie verstehen, dass es schlecht ist, auf der Straße herumzuhängen.

Yo quiero que los niños que andan en las calles no anden descalzos y sin ropa. Yo quiero que los niños tengan un hogar sustituto al que pertenezcan como familia y que ellos comprendan que andar en las calles es malo.

In diesen Zeiten können manche Eltern ihren Kindern nichts zu essen geben. Andere Eltern ziehen es vor, es zu versaufen, statt ihren Kindern Essen zu geben, die durch die Straßen laufen und nach einem Peso betteln, um einen Bonbon essen zu können. Und das ist nicht gerecht für die Kinder auf der Straße.

Ahora algunos padres de este tiempo no tienen como darle de comer a sus niños. Otros padres prefieren mejor tomárselo en licor y no darles el bocado a sus pobres niños, que andan en la calle pidiendo un peso para poder comerse un caramelo. Y eso no es justo para los niños de las calles.

Ich denke, dass sich die Kinderarbeit nicht weiter ausbreiten sollte. Und dass sie, die arbeitenden Kinder, erfahren können, dass ihre Rechte verletzt werden.

Pienso que no se debería inculcar el trabajo infantil. Que ellos, los niños trabajadores puedan saber que sus derechos se están violando.

Texotic (Die Blaue)
12 Jahre, 6. Klasse, Schule Mentora Rafalea Herrera

Texotic (Azul)
12 años, 6to grado, Escuela Mentora Rafaela Herrera

In meinem Viertel gefallen mir die vielen Pflanzen, die es dort gibt, und die angenehme Atmosphäre. In meinem Viertel wurden die Straßen nicht ausgebessert, anderswo jedoch schon.

De mi barrio me gusta que hay muchas plantas y el ambiente es agradable. En las calles de mi barrio, no, pero fuera de él sí han mejorado.

Gibt es etwas, das du hasst, das dir an deinem Viertel nicht gefällt?

¿Hay algo que detestas, que no te gusta de tu barrio?

A mis padres yo les pediría
apoyo para poder estudiar...
pienso que esto es la mejor herencia
que nos dejan

Ja, die Trinkwasserversorgung ist sehr schlecht.

An meiner Schule gefällt mir, dass ich dazulerne, und ich lerne gerne, damit ich den Unterrichtsstoff nicht vergesse.

Ich würde später gerne Anwältin werden und Betriebswirtschaft studieren.

Die Situation der Kinder von San Carlos sieht so aus, dass sie nicht viel Geld haben und die Jugendlichen sind arbeitslos, denn es heißt, sie hätten keine Erfahrung.

Wenn wir Arbeit suchen wollen, um den Haushalt mit zu unterstützen, sagen manche Leute, dass wir Nichtsnutze sind, und das ist nicht wahr.

Ich denke, dass sich die Kinderarbeit nicht weiter ausbreiten sollte. Und dass sie, die arbeitenden Kinder, erfahren können, dass ihre Rechte verletzt werden.

Sí, que hay un mal servicio de agua potable.

De mi escuela me gusta que aprendo más y me gusta estudiar para que las clases no se me olviden.

Me gustaría llegar en el futuro a ser una abogada profesional y estudiar administración de empresas.

La situación de los niños de San Carlos es que no tienen una muy buena economía y los jóvenes están sin trabajo porque dicen que son sin experiencia.

Cuando vamos a buscar trabajo, para ayudar en el hogar, algunas personas dicen que somos unos inútiles y no es cierto.

Pienso que no se debería inculcar el trabajo infantil. Que ellos, los niños trabajadores puedan saber que sus derechos se están violando.

Gibt es bei dir zu Hause, in deiner Familie etwas, das du ablehnst? Wenn du deine Eltern um etwas bitten könntest, was wäre das?

¿Hay algo que no te gusta dentro de tu casa, tu familia, algo que rechazas? Si pudieras pedirles algo a tus padres, ¿qué le pedirías?

Nein, da gibt es nichts. Ich würde sie um Verständnis bitten und ich möchte gerne noch einige Bücher gekauft bekommen, damit ich dazulernen kann.

No hay nada. A mis padres les pediría comprensión y quisiera que me compraran algunos libros para saber más.

Kam es zu Gewaltübergriffen an Kindern deiner Familie? Was denkst du, aus welchen Gründen so etwas passiert?

¿Conoces casos de violencia contra los hijos o hijas dentro de la familia? ¿Por qué motivos piensas que eso ocurre?

In meiner Familie nicht, aber außerhalb schon, so zum Beispiel bei einer meiner Klassenkameradinnen und auch bei einer meiner Nachbarinnen. Das war, weil ihre Schwester schwanger wurde, und da diese Schwester älter als sie ist, befiehlt sie ihr eben, auf das Kind aufzupassen, lässt sie nicht zum Unterricht gehen und misshandelt sie oder wird handgreiflich.

Dentro de mi familia no, pero fuera de ella sí, como por ejemplo una compañera mía de clase y también vecina mía. Pasa porque su hermana salió embarazada y como la hermana es mayor que ella entonces le ordena a que le cuide se la niña y no la deja ir a clase y la maltrata o la agrede físicamente.

Worum würdest du die Behörden von San Carlos bitten?

¿Qué les pedirías a las autoridades de San Carlos?

Dass sie Ordnung schaffen, Wohlstand und vor allem Gerechtigkeit.

Que pusieran orden, bienestar y especialmente justicia.

Hast du eine Nachricht für die Kinder oder Jugendlichen in Nürnberg?

Ja, sie sollen in Einigkeit leben und niemals vergessen, dass wir Kinder und Jugendlichen die Zukunft von morgen sind.

¿Tienes algún mensaje para los niños o jóvenes en Núremberg?

Sí, que vivan unidos y que nunca olviden que los niños y jóvenes somos el futuro del mañana.

Die Kinder dürften nicht auf der Straße arbeiten, denn dort lauern viele Gefahren.

Tito (Ernesto)
5. Klasse, Schule Mentora Rafaela Herrera

An meinem Stadtteil gefällt mir überhaupt nichts, denn wir haben nicht einmal einen Sportplatz. Der Zustand der Straßen ist nicht besser geworden, es wurde nur ein Gehsteig auf beiden Seiten gebaut. Eine andere Sache, die mir nicht gefällt ist, dass die Leute die Gewohnheit haben, dreckiges Toilettenpapier im Freien zu verbrennen.

Was ich an meiner Schule am meisten mag, sind der Unterricht, die Sauberkeit in den Klassenzimmern und dass die Lehrer pünktlich erscheinen und Verantwortung zeigen. In meiner Zukunft möchte ich gerne den Beruf eines Informatikers erlernen.
An meiner Schule gefällt mir nicht, dass es unter den Schülern der ganzen Schule nicht harmonisch ist. Der Unterricht an meiner Schule könnte durch eine mit allen notwendigen Büchern und Landkarten ausgestattete Bibliothek und mit Computern besser werden.

Es gibt viele arbeitslose Jugendliche, viele davon haben bereits ihr Abitur und aus Geldmangel schließen sie das Vorbereitungsjahr für die Universität nicht ab. Viele Kinder laufen barfuss herum und sie arbeiten, um zu essen und vielleicht noch, um in die Schule gehen zu können.

Die Hauptprobleme sind fehlende Arbeitsplätze für ihre Eltern, Armut, Fehlen einer guten Ausbildung, und ebenso Wohnungs- und Wassermangel.

Los niños no deberían estar en las calles trabajando porque los acechan muchos peligros.

Tito (Ernesto)
5to grado, Escuela Mentora Rafaela Herrera

De mi barrio no me gusta nada, porque ni cancha deportiva hay. No ha mejorado el estado de la calle, sólo hicieron un andén a cada lado. Otra cosa que no me gusta es que la gente tiene la costumbre de quemar los papeles sucios del inodoro al aire libre.

Lo que más me gusta de mi escuela son las clases, la limpieza del aula y la asistencia puntual de la profesora y su responsabilidad. En un futuro me gustaría aprender la profesión de ingeniero en computación.
No me agrada que en mi colegio no hay armonía entre los mismos compañeros de todo el colegio. El aprendizaje en mi colegio podría mejorar con una biblioteca dotada de todos los libros y mapas necesarios y con computadoras.

Hay muchos jóvenes desempleados, muchos de ellos ya bachilleres - por falta de empleos - y no terminan su preparatoria por falta de dinero. Muchos niños andan descalzos, trabajan para comer y tal vez ir a clases.

Los principales problemas de los niños y niñas son la falta de empleos para sus padres, pobreza, falta de una buena educación, también falta de viviendas y agua.

Die Kinder dürften nicht auf der Straße arbeiten, denn dort lauern viele Gefahren. Sie müssten in der Schule sein, um sich auf ihre Zukunft vorzubereiten. Ich kenne arbeitende Kinder.

Meine Eltern würde ich um Respekt, Liebe, Eintracht und eigene Sachen *(für mich)* bitten. Ich kenne keine Fälle von Gewalt, denn hier herrscht Liebe.

Die Behörden von San Carlos würde ich darum bitten, sich mehr um die Schulen zu kümmern und für mehr Ordnung zu sorgen, dass sie die Bevölkerung über die Müllproblematik aufklären, dass sie sich um die Ärmsten und Obdachlosen kümmern, indem sie ihnen Wohnungen zur Verfügung stellen, und dass sie dieses Dorf zu einem für Touristen attraktiven Ort machen.

Die Nachricht an die Kinder und Jugendlichen in Nürnberg lautet: Ich danke euch sehr für all die Sachen, die geschickt worden sind während der nun schon langjährigen Partnerschaft, die mit unserem Land Nicaragua besteht. Nichts soll dieses Band, das uns zu knüpfen gelungen ist, zerstören, auf dass es noch viele Jahre fortbestehen möge. Macht so weiter, ohne Drogen und andere schlechte Sachen, die euch kaputt machen können.

Die Hauptprobleme von San Carlos sind die Arbeitslosigkeit und der Missbrauch von Kindern.

Tona (Petrona)
13 Jahre, 6. Klasse, Schule Juanita Vigil Sandino

An meinem Viertel mag ich am meisten die Ruhe, denn es ist ein sehr gutes Viertel, es besteht überhaupt keine Gefahr durch Bandenmitglieder oder Diebe. Die Straße ist dank der Unterstützung durch die Stadtverwaltung ausgebessert worden.

An meinem Viertel gefällt mir nicht, dass sie Müll auf die Straßen werfen. Ich möchte, dass sie ihn dort hinbringen, wo es Müllbehälter gibt.

Ich würde gerne noch weiter zur Schule gehen, damit ich in meiner Zukunft einmal etwas werden kann. An meiner Schule ge-

Los niños no deberían estar en las calles trabajando porque los acechan muchos peligros. Deberían estar en un colegio o escuela preparándose para su futuro. Conozco niños que trabajan.

Les pediría a mis padres respeto, amor, unidad y cosas propias. No conozco casos de violencia, porque hay amor.

A las autoridades de San Carlos les pediría que se preocupen más por las escuelas y que pongan más orden, que concienticen a la población sobre la problemática de la basura, que se preocupen por los más pobres y desamparados, dándoles viviendas y que hagan de este pueblo un lugar deseado por los turistas.

El mensaje para los niños y jóvenes de Núremberg es: muchas gracias por todas las cosas que nos han brindado desde el hermanamiento que existe ya hace muchos años con nuestro país "Nicaragua". Que nada pueda romper este lazo que hemos sabido llevar y que dure por muchos años más. Que sigan adelante, sin drogas y sin nada malo que los pueda destruir.

El principal problema de San Carlos es el desempleo y el abuso de las niñas y niños.

Tona (Petrona)
13 años, 6to grado, Escuela Juanita Vigil Sandino

Lo que más me gusta de mi barrio es la tranquilidad, porque es un barrio muy sano, debido a que no existe ningún peligro de pandilleros o ladrones. La calle ha mejorado gracias a la ayuda de la Alcaldía.

De mi barrio no me gusta que tiren basura en las calles. Quisiera que la depositen en lugares donde haya recipientes de basura.

Me gustaría seguir estudiando para poder llegar a ser algo en el futuro. Lo que más me gusta de la escuela es la relación que

fällt mir am meisten das Verhältnis zu unseren Mitschülern und zur Lehrerin. Am meisten missfällt mir, dass uns die Regierung im Stich lässt. Um den Unterricht zu verbessern, müsste man die Klassenzimmer umbauen, damit in Zukunft bessere Bedingungen herrschen.

tenemos con nuestros compañeros y maestra. Lo que no me agrada de mi escuela es el abandono del gobierno. Para mejorar el aprendizaje se tendría que remodelar las aulas para que en el futuro tengan mejores condiciones.

Die Hauptprobleme von San Carlos sind die Arbeitslosigkeit und der Missbrauch von Kindern und dass Jugendliche drogenabhängig werden, weil es für sie keinerlei Sportangebote gibt.

Los principales problemas de San Carlos son el desempleo y el abuso de las niñas y niños y que los jóvenes, se metan en la drogadicción, por no tener ningún tipo de deportes.

Quisiera estudiar medicina, para curar niños en el campo y en la ciudad

Ich finde, dass sie den Familien helfen sollten, die ihre Kinder nicht versorgen können und die wegen der Arbeitslosigkeit ihre Kinder zum Arbeiten oder sogar zum Betteln und Klauen schicken.

Ich fühle mich sehr wohl bei meinen Eltern, weil sie mich in allem unterstützen. Wenn es etwas gäbe, um das ich sie bitten könnte, dann darum, dass sie mich immer bei meiner Ausbildung unterstützen.

Pienso que deberían ayudarle a las familias que no pueden mantener a sus hijos y que debido al desempleo mandan a sus hijos a trabajar o hasta pedir (mendigar) o robar.

Yo me siento muy bien con mis padres porque ellos me apoyan en todo. Si hubiera algo que pedirle, les pediría que siempre me apoyen en mis estudios.

Ich finde, dass Kinderarbeit bei Kindern unter sieben Jahren Missbrauch ist.

Toño (Antonio)
6. Klasse

An meinem Stadtteil gefällt mir, dass man das schöne Seeufer sehen kann und wie sie den Stadtteil reinigen.

Meine Straße sieht immer noch gleich aus, aber in der Zukunft könnte die Bürgermeisterin die Straße instand setzen. Es gibt hier viel Müll. Ich mag es nicht, dass die Menschen den Müll auf die Straße werfen, weil Menschen aus anderen Ländern kommen und den Schmutz sehen können.

Ich mag den Unterricht sehr, weil uns dort etwas über die Natur beigebracht wird, die Gott geschaffen hat. Ich wäre gerne Agraringenieur, weil ich gehört habe, dass der in der Landwirtschaft arbeitet.

Was mir nicht gefällt, ist, dass einigen Schülern der Respekt dem Lehrer gegenüber fehlt. Ich mag es auch nicht, dass es in San Carlos viel Korruption gibt. Das ist schlecht für San Carlos und für das Land.
Ich finde, dass Kinderarbeit bei Kindern unter sieben Jahren Missbrauch ist. Ich habe einige Kinder, die jünger als sieben Jahre waren, verkaufen sehen.

In meinem Haus bin ich mit nichts unzufrieden. Aber wenn ich meine Mutter um etwas bitten könnte, würde ich mir vieles wünschen. Soweit ich weiß, kommt Gewalt vor, weil die Eltern sehr wütend werden und dann die Kinder schlagen.

Pienso que el trabajo infantil de menores de 7 años es abuso.

Toño (Antonio)
6to grado

Me gusta que de mi barrio se mire la playa tan bella y cómo limpian el barrio.

A mi calle la miro igual, pero más adelante la alcaldesa puede componer esa calle, hay mucha basura. Las personas botan basura en la calle y eso no me gusta porque las personas de otros países pueden llegar y mirar la basura.

Me gustan mucho las clases porque nos enseñan sobre la naturaleza que Dios creó. Me gustaría ser un ingeniero agropecuario, porque me han dicho que el ingeniero agropecuario es el que trabaja en la agricultura.

No me gusta que a algunos alumnos le faltan el respeto a la profesora. Tampoco me gusta que haya mucha corrupción en San Carlos. Eso afecta a San Carlos y al país.

Pienso que el trabajo infantil de menores de 7 años es abuso. Yo he visto algunos niños menores de 7 años vendiendo.

En mi casa, no rechazo nada, pero si pudiera pedirle algo a mi mamá, le pediría muchas cosas. En cuanto a la violencia: que yo sepa, pasa porque los padres se enojan tanto y les pegan a los hijos.

Was die Menschenrechte angeht: Ich weiß, dass die Menschen als Bürger Rechte und auch Pflichten haben, *die bei der Regierung aufgeschrieben sind.*

Ich würde mir von der Regierung wünschen, dass es weniger Korruption und mehr Arbeit gibt, weniger Kinderausbeutung und mehr Sicherheit in der Gemeinde oder im Land.

Für die Jungen und Mädchen aus Nürnberg: Folgt dem, was eure Eltern gut machen und nicht dem, was sie schlecht machen.

Die bei der Regierung aufgeschrieben sind: Indirekter Hinweis auf die Gesetze und Normen, die den Staat lenken.

En cuanto a los derechos humanos: Sí conozco que las personas tienen derechos y deberes del ciudadano *que están escritos en el gobierno.*

Yo les pidiera a las autoridades que haya menos corrupción y más empleo, menos explotación infantil y más seguridad en la comunidad o en el país.

Para los niños y jóvenes de Núremberg: Que sigan lo bueno de sus padres y no lo malo. Que haya menos corrupción.

Que están escritos en el gobierno: Vaga referencia a las leyes y normas que rigen al Estado.

Si nos "hicieron" tienen que velar por nosotros

Es kommt sogar soweit, dass die Mädchen, die verkaufen gehen, vergewaltigt und umgebracht werden.

Tula (Gertrudis)
12 Jahre, 6. Klasse, Schule Juanita Vigil Sandino

Was mir an meinem Viertel am besten gefällt, ist, dass ich dort Freundschaften habe, ich habe Freunde und Freundinnen. Ja, der Zustand der Straßen hat sich verbessert. Ich hasse es, dass in meinem Viertel soviel getratscht wird.

A las niñas mujeres que andan vendiendo hasta las violan y las matan.

Tula (Gertrudis)
12 años, 6to grado, Escuela Juanita Vigil Sandino.

Lo que más me gusta de mi barrio es que allí tengo mis amistades, tengo amigos y amigas. Sí, ha mejorado el estado de la calle. Lo que yo detesto de mi barrio es el chisme entre otros.

In meiner Schule gefällt mir am meisten das Fach Naturwissenschaften, denn es geht darin um die Lebewesen, die Natur und die Energie usw.
Ich mag an meiner Schule nicht, dass viele Jungs sich zanken. Ich möchte meinen Mitschülern sagen, dass sie sich nicht streiten sollen.

Das Hauptproblem der Jungen, Mädchen und Jugendlichen besteht darin, dass die Eltern ihnen sagen, dass sie verkaufen gehen

En mi escuela me gusta más la clase de ciencias naturales, porque habla de los seres vivos, la naturaleza y la energía, etc.

Lo que no me agrada de mi escuela es que muchos *chavalos* pelean. Quiero decirles a mis compañeros que no peleen.

El principal problema de los niños, niñas y jóvenes es que los padres les digan que van a ir a vender. Así ellos pierden

müssen. So verpassen sie den Unterricht. Es kommt sogar soweit, dass die Mädchen, die verkaufen gehen, vergewaltigt und umgebracht werden.

las clases. A las niñas mujeres que andan vendiendo hasta las violan y las matan.

Nun, was ich über Kinderarbeit denke, ist, dass die Kinder sogar krank oder verletzt werden, wenn sie arbeiten. Also, ich kenne nicht wenige Kinder, die arbeiten.

Bueno lo que yo pienso sobre el trabajo infantil es que cuando trabajan los niños salen hasta enfermos o lastimados. Bueno conozco no pocos niños que trabajan.

An meinem Haus stört mich, dass der Fußboden aus Erde ist. Wenn es stark regnet, fließt das Wasser herein. Also, wenn ich einen Vater hätte, dann würde ich ihn bitten, dass er uns hilft, das Haus in Ordnung zu bringen.

De mi casa lo que no me gusta es que el suelo es de tierra y cuando llueve fuerte se mete el agua. Bueno, si yo tuviera a mi padre le pediría que nos ayude a componer la casa.

Über die Menschenrechte habe ich zum Beispiel Folgendes gelernt: Recht auf Bildung, ein Junge oder Mädchen muss zur Schule gehen, um etwas im Leben zu lernen, denn einige Mütter schicken ihre Kinder zum Arbeiten anstatt zur Schule.
Ich würde den Behörden sagen, dass sie die Vergewaltiger und Mörder usw. einfangen.

Yo he aprendido de los derechos humanos como por ejemplo: derecho al estudio, un niño o niña tiene que estudiar para aprender algo en la vida como algunas madres no mandan a sus hijos a la escuela por mandarlos a vender.
Yo les diría a las autoridades que atrapen a esos violadores y matadores, etc.

Meine Nachricht an die Kinder und Jugendlichen ist, dass sie gut auf sich aufpassen, damit sie es zu etwas bringen.

Mi mensaje para los niños y niñas y jóvenes es que se cuiden mucho para que sigan adelante.

An die Mütter: sie sollen ihre Kinder zur Schule und nicht zum Verkaufen schicken, damit sie Lesen und Schreiben lernen und etwas über das Leben erfahren.

Para las madres: que manden a sus hijos a la escuela, no a vender, para que ellos sepan leer, escribir y saber algo en la vida.

Den Behörden möchte ich sagen, dass die Betrunkenen nur bis 22 Uhr in der Wirtschaft bleiben dürfen sollten.

A las autoridades les digo que los borrachos estuvieran en la cantina sólo hasta las 10:00 de la noche.

Xochipilli (Blumenprinz)
6. Klasse Abendschule

Xochipilli (Príncipe de las flores)
6to grado turno vespertino

An meinem Viertel mag ich alle meine Freunde und Freundinnen. Den Zustand meiner Straße haben sie noch nie verbessert. Was ich nicht mag, sind *die Jungs,* die kommen um zu stören.

Lo que me gusta de mi barrio son todos los amigos y amigas. Nunca han mejorado el estado de mi calle. Lo que me disgusta son los *chavales* que llegan a molestar.

Ich mag Sauberkeit und Fortschritt. Die Toiletten in meiner Schule mag ich nicht. Den Unterricht könnte man mit Computern verbessern.

Me gusta la limpieza y el mejoramiento. En mi escuela me disgustan los inodoros. Se podría mejorar el aprendizaje si hubiera computadoras.

Ich habe überlegt, dass ich später einen Beruf wählen muss, und vielleicht könnte ich Abgeordneter im mittelamerikanischen Parlament sein.

Ich könnte die Situation der Kinder und Jugendlichen beschreiben, sie ist schrecklich und besonders schlimm bei den Jugendlichen, weil sie ihre Probleme mit Alkohol und Drogen lösen.

Das mit der Kinderarbeit ist etwas sehr Schlechtes, weil wir nicht dazu da sind, um zu leiden. Wenn sie uns in die Welt gesetzt haben, müssen sie auch auf uns aufpassen. Ich kenne einige, die Fisch verkaufen und Schuhe putzen und die geben das Geld ihren Eltern.

In meiner Familie gibt es niemanden, der mich ablehnt und wenn ich um etwas bitten könnte, wäre das, dass ich regelmäßiger in die Kirche gehen könnte, dass sie uns gleich lieben und dass sie uns nicht schlecht behandeln.

He pensado que en el futuro tengo que elegir una profesión y quizás podría ser diputado del Parlamento Centroamericano.

Podría describir la situación de los niños y jóvenes: es desastrosa y más en los jóvenes porque arreglan sus problemas con alcohol y drogas.

Lo del trabajo infantil es algo malo porque nosotros no vinimos a sufrir. Si nos hicieron tienen que velar por nosotros. Conozco a niños que venden pescado y lustran zapatos y les dan el dinero a sus padres.

En mi familia no hay nadie que me rechace y si quisiera pedirles algo sería visitar la iglesia más seguido y que nos quieran igual y no nos maltraten.

Educación física en la plaza

Ich habe von den Menschenrechten gehört, es sind Normen, nach denen sich das Leben der Menschen richtet.

Den Behörden möchte ich sagen, dass die Betrunkenen nur bis 22 Uhr in der Wirtschaft bleiben dürfen sollten. Und ich habe eine Nachricht „Ja zum Leben, Nein zu den Drogen."

La pista: Landepiste der Flugzeuge.

He escuchado de los derechos humanos que son normas que rigen la vida de las personas.

A las autoridades les digo que los borrachos estuvieran en la cantina sólo hasta las 10:00 de la noche. Y tengo un mensaje: "Sí a la vida, no a las drogas."

La pista: Pista de aterrizaje de los aviones.

Ich würde die Behörden bitten, die Eltern einzusperren, die ihren Kindern Gewalt antun.

Yayo (Eduardo)
6. Klasse Abendschule

Mir gefällt hier, dass alle Nachbarn freundlich sind. Meine Straße ist aufgeblüht, weil sie früher ein kleiner Weg war, und jetzt ist sie breit. Was ich am wenigsten mag, ist, dass die Nachbarn viel Lärm machen.

Mir gefallen alle Fächer, weil ich viel neue Dinge lerne. Ich möchte es im Leben zu etwas bringen, ich möchte gerne Kinderärztin werden, um den kranken Kindern zu helfen. Was mir an meiner Schule nicht gefällt, sind die Toiletten, weil sie heruntergekommen sind. Um die Leistungen zu verbessern, wäre es gut, mehr zu lernen und sich besser zu benehmen.

Die Situation der Kinder und Jugendlichen ist so, dass einige die Möglichkeit haben, in die Schule zu gehen und andere mangels Geldes nicht. Ich denke, dass die Kinder erst arbeiten sollten, wenn sie erwachsen sind. Ich kenne Kinder, die arbeiten.

Ich mag es nicht, dass sich meine Eltern streiten. Ich würde sie bitten, dass sie aufhören sich zu streiten. Ich kenne keine Fälle von Gewalt in der Familie. Der Grund für Gewalt könnten Drogen und Alkohol sein.

Die Menschenrechte sind eine Leitlinie für die Menschen.

Ich würde die Behörden bitten, die Eltern einzusperren, die ihren Kindern Gewalt antun.

Lo que les pediría a las autoridades es que arresten a los padres que son violentos con sus hijos.

Yayo (Eduardo)
6to grado turno vespertino

Lo que me gusta de mi barrio es que todos los vecinos son amables. Mi calle ha prosperado porque antes era un caminito, ahora es ancha. Lo que más detesto de mi barrio es que los vecinos hacen mucho ruido.

Todas las clases me gustan porque aprendo más cosas nuevas. Me gustaría ser alguien en la vida, me gustaría tener la profesión de pediatra para ayudar a los niños enfermos. Lo que no me gusta de mi escuela es que *los servicios están fregados* (arruinados). Para mejorar el rendimiento sería bueno estudiar y portarse mejor.

La situación de los niños y niñas o jóvenes es que algunos tienen la posibilidad de estudiar y otros no, por falta de dinero. Yo pienso que los niños y niñas hasta que sean mayores no pueden trabajar. Yo conozco niños que trabajan.

En mi familia no me gusta que mis padres se peleen. Yo les pediría a mis padres que no se peleen más. Yo no conozco casos de violencia en mi familia. El motivo de la violencia puede ser las drogas y el licor.

Los derechos humanos son los que rigen a las personas.

Lo que les pediría a las autoridades es que arresten a los padres que son violentos con sus hijos.

Die Nachricht an die Kinder und Jugendlichen aus Nürnberg ist, dass sie keinen Alkohol trinken und keine Drogen nehmen sollen.

Se transfieran: etwas nehmen oder spritzen.

Die Behörden von San Carlos würde ich bitten, dass sie die Häftlinge nicht so schnell entlassen, sondern lange Zeit einsperren, weil sie böse sind.

Yeyo (Diego)
13 Jahre, 6. Klasse Abendschule
Schule Mentora Rafaela Herrera

Am besten gefällt mir an meiner Straße, dass nicht viele Autos vorbeifahren. Die Straße hat sich nicht verbessert, weil die Regierung sie nicht pflastert. Mir gefällt nicht, dass meine Nachbarn einen schlechten Lebensstil haben und Abfall in den Fluss werfen.

An meiner Schule gefällt mir am besten, dass sie uns den menschlichen Körper erklären. Ich möchte gerne Landwirtschaftsingenieur werden.

Es gefällt mir nicht, dass wir keine guten schulischen Leistungen bringen. Das könnte man ändern, indem wir der Bildung mehr Beachtung schenken würden.

Die Situation der Kinder und Jugendlichen aus San Carlos ist so, dass sie arbeiten müssen, um leben zu können. Die Hauptprobleme sind, dass sie früh losgehen, um zu verkaufen und zu arbeiten, und dann gehen sie in die Schule und kommen zu spät. Ich kenne Kinder, die arbeiten, die Tortillas und andere Sachen verkaufen.

Was ich an meinen Eltern nicht mag, ist, dass sie sich gegenseitig ärgern. Ich würde mir wünschen, dass sie mich dort einschreiben, wo es Informatik gibt. Die Behörden von San Carlos würde ich bitten, dass sie die Häftlinge nicht so schnell entlassen, sondern lange Zeit einsperren, weil sie böse sind.

Hier wendet keiner die Menschenrechte an. San Carlos ist sehr schön, aber niemand kann die natürlichen Ressourcen richtig nutzen.

El mensaje para los niños y jóvenes de Núremberg es que no beban licor y no fumen o *se transfieran* (consuman) drogas.

Se transfieran: se inyecten.

A las autoridades les pediría que a los que echan preso que no los saquen ahí nomás, que dilaten buen tiempo por lo malo que son.

Yeyo (Diego)
13 años, 6to grado turno vespertino
Escuela Mentora Rafaela Herrera

Lo que más me gusta de mi calle es que no pasan muchos carros. No ha mejorado la calle porque el gobierno no la compone. No me gusta que los vecinos *son de mal vivir* y echan basura al río.

Lo que más me gusta de mi escuela es que nos enseñan las partes del cuerpo. A mí me gustaría ser ingeniero agrónomo.

Lo que no me gusta es que no tenemos buen rendimiento académico. Se podría mejorar si es que todos hiciéramos caso.

Los niños y jóvenes de San Carlos viven en situaciones de que tienen que trabajar para poder vivir. Los principales problemas son que salen a vender temprano y a trabajar y luego van a la escuela y llegan tarde. Yo conozco varios niños que trabajan que venden tortilla y otras cosas.

Lo que no me gusta de mis padres es que se enojen entre ellos. Yo les pediría que me *apuntaran* donde me enseñen computación. A las autoridades les pediría que a los que echan preso, que no los saquen ahí nomás, que dilaten buen tiempo, por lo malo que son.

Aquí nadie utiliza los derechos humanos. San Carlos es muy bonito, pero no se sabe utilizar los recursos naturales.

Profesor de matemáticas Humberto con su hija única Esperanza

Ich grüße die Jugendlichen aus Nürnberg. Ich hoffe, dass sie sich gut benehmen, die natürlichen Ressourcen wahren und keinen Abfall in die Flüsse und auf die Straße werfen.

Ser de mal vivir: Menschen, die einen schlechten Lebensstil pflegen, die chaotisch und unverantwortlich handeln, viel Alkohol trinken etc.

A los niños de Núremberg les mando saludos y que se porten bien, que cuiden los recursos naturales y que no echen basura a los ríos ni en la calle.

Ser de mal vivir: Personas con conducta desordenada, caótica, irresponsable, que beben mucho alcohol, etc.

Ich denke, dass es sehr grausam ist, dass die Kinder arbeiten gehen und ihre Eltern sich zu Hause ausruhen.

Yocoxcatlacatl (Der Friedliche)
6. Klasse

Was ich an meinem Stadtteil am liebsten mag, ist die dort herrschende Freundschaft. Die Strasse hat sich etwas verbessert. Was ich an meinem Stadtteil hasse, ist der Müll, den die Leute auf die Strasse stellen.

Yo pienso que es muy cruel que los niños vayan a trabajar y sus padres estén tranquilos en la casa.

Yocoxcatlacatl (Pacífico)
6to grado

Lo que a mí más me gusta de mi barrio es la amistad que hay. La calle ha mejorado un poco, lo que yo detesto de mi barrio es la basura que ponen al frente.

An meiner Schule mag ich am liebsten den Sportunterricht. Ich würde in der Zukunft gerne Agraringenieur sein. Was mir an meiner Schule nicht gefällt, sind die Toiletten, die sehr schmutzig sind. Die Bildung könnte verbessert werden, indem man viel lernt.

Lo que más me gusta en mi escuela es educación física. A mí en el futuro me gustaría lograr ser un ingeniero agrónomo. Lo que no me agrada de mi escuela son los baños que no los usan adecuadamente. La educación se podría mejorar estudiando mucho.

Die Situation der Kinder ist die, dass die Jungen und Mädchen in San Carlos sich von den Erwachsenen ausnutzen lassen. Eine andere Sache ist die wirtschaftliche Situation der Kinder in San Carlos: sie werden losgeschickt, um Sachen zu verkaufen und um zu arbeiten. Ich denke, dass es sehr grausam ist, dass die Kinder arbeiten gehen und ihre Eltern sich zu Hause ausruhen. Ich kenne viele Kinder, die arbeiten.

La situación de los niños es que los niños y niñas de San Carlos se dejan abusar por los adultos y adultas. Y otra cosa es la economía que tienen los niños de San Carlos, ya que los mandan a vender y a trabajar. Yo pienso que es muy cruel que los niños vayan a trabajar y que sus padres estén tranquilos en la casa. Yo conozco muchos niños que trabajan.

Was mir an meinem Haus nicht gefällt, ist, dass irgendein Hund immer in unseren Hof pinkelt. Von meinen Eltern würde ich mir ein Nintendo-Spiel wünschen und dass sie mich in der Schule unterstützen.

Lo que no me gusta de mi casa es que algún perro se llegue a orinar al *porche.* A mis padres les pediría un juego de *Nintendo* y que sean responsables con mis estudios.

Ich kenne keine Fälle von Gewalt und ich habe im Ethik-Unterricht in der Schule etwas über die Menschenrechte gelernt.

Yo no conozco casos de violencia y sí he aprendido algo sobre los derechos humanos en la escuela, en la clase de moral y cívica.

Ich würde mir von der Regierung wünschen, dass sie auf die Kinder in San Carlos aufpasst.

Les pediría a las autoridades que cuiden de los niños y niñas de San Carlos.

Ich habe eine Nachricht an die Kinder aus Nürnberg, und zwar, dass sie auf sich aufpassen.

Tengo un mensaje para los niños de Núremberg: que se cuiden.

Porche: Hof, Veranda, vor oder hinter dem Haus, der teilweise überdacht ist.

Porche: patio, terraza, cubierto con un techo muy ligero.

Weitere Informationen erhalten sie bei:

Stadt Nürnberg
Amt für Internationale Beziehungen
Karin Gleixner
Weinmarkt 4
D-90480 Nürnberg
Tel.: 0049 (0)911 231 5043
E-Mail: *karin.gleixner@stadt.nuernberg.de*
www.partnerstaedte.nuernberg.de

Alcaldía de San Carlos
San Carlos, Río San Juan
Nicaragua
E-Mail: *alcaldia_sancarlos05@yahoo.com*

Verein zur Förderung der Städtepartnerschaft
Nürnberg – San Carlos und Region e.V.
Wurzelbauerstr. 29
90409 Nürnberg
Tel.: 0049 (0)911 55 33 87
E-Mail: *info@nica-nuernberg.de*
www.nica-nuernberg.de

Stadt Erlangen. Städtepartnerschaften
Tel.: 0049 (0)9131 86 13 52
E-Mail: *cornelia.betz@stadt.erlangen.de*
www.erlangen.de -> Partnerstädte

Botschaft von Nicaragua
Joachim-Karnatz-Allee 45 - 47
10557 Berlin
Tel.: 0049 (0)30 20 64 38 0
E-Mail: *embanic-berlin@t-online.de*

Centro Arete
Fundación San Lucas - Clínica San Lucas
Calle del Comercio, San Carlos
Río San Juan, Nicaragua
E-Mail: *funsalusaca@yahoo.de*
Tel.: 00505 25830049, 00505 25830109, 00505 873 03 873

Die Straße in der ich wohne
An diesem in vielen Städten und Ländern durchgeführten Schreibprojekt für Kinder nahmen auch viele Kinder aus San Carlos teil. Alle ihre Texte sind auf der Homepage aufgeführt.
www.kinderstrasse.org -> International

Informationsbüro Nicaragua e. V.
Vielseitige aktuelle Informationen zu Politik, Wirtschaft, Kultur in Nicaragua und kritische Analysen
Tel: 0049 (0)202 30 00 30
www.informationsbuero-nicaragua.org/

Ökumenisches Büro für Frieden und Gerechtigkeit e.V.
Informationen über die langjährige Zusammenarbeit mit Nicaragua und Mittelamerika insgesamt, kritische Analysen.
www.oeku-buero.de